아무도 들려주지 않는

서울문화 **이야기**

아무도 들려주지 않는

서울문화 이야기

김영조

서울시민의 서울문화 즐김을 위하여

세계적인 성악가가 내한하여 한국 유명 성악가와 상암동 월드컵경기장에서 하는 공연에 간 적이 있다. 나는 겨레문화를 사랑하고 연구하는 사람이지만 이미 고등학교 시절부터 서양 클래식을 무척이나 좋아하였기 때문이다. 그런데 이때 66,000석이 넘는 경기장의 좌석은 그야말로 입추의 여지없이 가득 차 있었고 그 열기 또한 하늘을 찔렀다.

그 얼마 뒤 나는 국립극장에서 열리는 국립창극단 공연에 가게 되었다. 이때 공연은 청중이 기립박수를 칠만큼 수준 높고 멋진 공연이었다. 하지만, 427석밖에 안 되는 객석은 겨우 1/3만 차 있어 안타까운 마음을 금할 수 없었다. 그뿐만이 아니다. 서울시민 대부분은 서울시내의 문화유적지 가운데 겨우 궁궐 정도만 알고 있을 뿐 정작 자기가 사는 근처의 문화유적은 거의 알지 못한다. 내가 사는 동대문구만 해도 선농단이 있고, 영휘원이 있으며, 서울약령시한의약박물관이 있지만 그곳에 가본 구민은 별로 없다. 무엇이 이렇게 서양문화에는 열광하고 우리문화는 외면하는 결과를 가져왔을까?
한마디로 가르쳐주는 사람이 없기 때문이다. 나는 이러한 문제를 개탄하고, 서울시민에게 서울의 문화를 알고 즐길 수 있도록 할 수 없을까를 고민하다가 지난 2010년부터 서울시 평생교육 프로그램의 지원을 받아 "아무도 들려주지 않는 서울문화"강좌를 하기 시작했다. 물론 처음엔 수강생 모집부터가 어려웠다. 이를 인식하는 이들이 극히 적었기 때문이다. 하지만, 2012년 들어 3기 수강생을 모집했을 땐 놀라운 일이 벌어졌다. 20명 한정으로 강좌를 시작하려 했지만 순식간에 70여 명이 수강 신청에 몰려들었다. 특히 수강생 가운데는 모 유명대학의 명예교수, 변호사, 기업 회장 등 지식인 또는 사회를 이끌어가는 지도자급 인사들이 대거 참여했다. 난 즐거운 비명을 지를 수밖에 없었다. 그래서 3기 강좌에서는 지난해에 견주어 교재를 더욱 정성들여 만들었고, 강의에 온 힘과 열정을 쏟았다.

그런데 서울시민이더라도 시간이 없거나 지방 사람들 심지어는 미국에 사는 교포들까지 교재라도 받아볼 수 없는지 문의가 몰려들었다. 그러나 서울시 지원을 받아서 펴낸 교재는 한정판으로 낼 수밖에 없었고, 그분들의 요구를 들어줄 수 없어 안타까움을 안아야만 했다. 하지만, 방법은 있는 법, 교재를 단행본으로 내면 누구나 특히 먼 나라에 가 있는 교포들도 쉽게 볼 수 있지 않은가? 다행히

한국출판문화산업진흥원의 "우수저작 및 출판지원사업"을 활용할
수 있음을 알았다. 이에 나는 용기를 내어 한국출판문화산업진흥
원 문을 두드렸고, 이제 그 열매를 맺어 드디어 책을 내게 되었다.

어쩌면 서울문화란 따로 없다. 서울문화가 겨레문화요, 겨레문화
일부가 서울문화이다. 따라서 이 책은 서울문화를 표방했지만 온
나라 사람들이 아니 온누리의 동포가 함께 읽어야 할 책이라고 생
각한다. 누구나 이 책을 읽고 과연 서울문화 아니 우리의 겨레문화
가 어떤 것인지 조금이라도 깨닫고 즐길 수 있다면 그리고 서울시민
으로서, 배달겨레로서 자부심을 지닐 수 있다면 그보다 더한 기쁨
은 없을 것이다. 이제 단군이 나라를 세운 지 4345년 우리의 배달
겨레가 서양문화에만 빠져있지 말고 우리문화를 더욱 사랑하고 즐
기는 그런 겨레로 거듭 태어나길 간절히 바란다.

4345년(2012) 해오라비난초가 아름다운 8월
서울 메주가맛골에서
한갈 김영조

차례

머리말

제4장 속살까지 뒤집어 보는 재미있는 한양 풍속

제5장 한양의 역사적인 공간

제6장 한양의 한판 놀이와 모두를 살리는 추임새 문화

제7장 정선 한양 인왕산을 그리다
– 김홍도, 신윤복, 정선 그림 속의 비밀들

제11장 24절기에 담긴 깊은 의미와 풍속들

제1장
서울문화
들어가기

1

비틀즈만 있나?
조선엔 밀리언셀러 임방울이 있었다

　예전엔 음반 백만 장을 판 가수들이 있었다. 하지만, 지금은 십만 장 팔기도 어렵다고 한다. 그런데 일제강점기 때 120만 장을 판 사람이 있었다. 지금이야 집에 누구든지 음악을 들을 수 있는 기기 한 대쯤은 가지고 있지만 일제강점기 때는 새까맣고 넓은 SP라는 음반을 유성기라는 기기에 얹고 손으로 손잡이를 돌려야 음악이 나오는 것뿐이었다. 그것도 유성기는 부잣집만 가지고 있었으니까 몇 천 대나 있었을까?

　그런 그때 조선(한국)과 일본 그리고 만주에서 판소리 음반 120만 장을 판 사람이 있었다. 바로 판소리 춘향가 중 "쑥대머리"로 유명한 임방울 명창이 그다. 임방울 명창은 "쑥대머리"를 부르며 일제강점기의 비참한 민족현실과 가난에 대한 한스러움을 춘향의 신세에 견주어 울분의 소리를 토해냈다. 목이 잡혔다 트였다 하기를 수십 번 가슴이 붓고 목에서 피가 쏟아지는 고비를 거듭하여 비로소 제대로 소리하게 된 임방울은 외삼촌인 국창 김창환의 도움으로 25살에 서울로 올라와 첫 무대에서 쑥대머리를 불러 선풍을 일으켰다. 이후 일본 콜롬비아 레코드사에서 측음기판으로 녹음하여 120만 장이라는 판매기록을 세웠다. 한국인 가운데 "렛잇비"를 불러 유명한 팝송 가수 비틀즈와 20세기 최고의 성악가라는 파바로티를 모르는 사람은 거의 없다. 하지만, 일제강점기 때 많은 사람으로부터 사랑받은 임방울 명창을 아는 사람은 별로 없다.

▲ 일제강점기 밀리언셀러 임방울 명창

2

고흐만 있나?
조선엔 자신의 눈을 찌른 최북이 있다

그런가 하면 사람들은 자신의 귀를 잘랐다는 네덜란드의 고흐도 잘 안다. 하지만, 송곳으로 자신의 눈을 찌른, 조선의 화가 최북은 모른다. 최북은 '붓(毫)으로 먹고 사는(生) 사람'이라 하여 호생관(毫生館)이라는 호를 가졌고, 자신의 이름 북(北)을 둘로 나누어 스스로 '칠칠이'라고도 불렀음은 물론 메추라기를 잘 그려 '최메추라기'라고도 하였으며, 산수화에 뛰어나 '최산수(崔山水)'로도 불렸다. 고집쟁이 최북은 그림 그리기 싫을 땐 누가 뭐라고 해도 절대 붓을 들지 않았다고 한다.

그런데 어느 날 권세 있는 사람이 와서 강제로 산수화 그림 하나를 그리라고 하자 최북은 못 그린다고 했고, 권세 있는 사람은 그리라고 윽박지르는 실랑이를 했다. 그러다가 권세 있는 사람이 닦달하자 문갑 위에 있는 필통에서 송곳을 꺼내 자신의 눈을 찌르면서 차라리 나 자신을 해칠지언정 남에게 구속받지 않겠다고 외쳤다. 그때부터 최북은 애꾸가 돼서 돋보기안경을 사도 한 알만 샀다. 이렇게 자신의 뜻을 굽히지 않던 우리 화가 최북은 모르고 남의 나라 화가 고흐만 알아도 될까?

▲ 자신의 눈을 찌른 최북

3
박지원의 열하일기,
세계 최고의 여행기

　그런가 하면 ≪걸리버여행기≫는 읽었어도 조선 최고의 작가 박지원
이 쓴 세계 최고 여행기 ≪열하일기(熱河日記)≫를 읽은 사람은 별로
없다. 연암 박지원은 ≪열하일기≫,≪연암집≫,≪허생전≫등을 쓴 조선
후기 실학자이자 소설가다. 자유롭고 기발한 글을 써서 여러 편의 한
문소설(漢文小說)을 발표하였는데 그 가운데 ≪열하일기(熱河日記)≫
는 청나라 고종의 칠순잔치에 사신단으로 가는 팔촌형 박명원을 따라
가 중국의 문인, 명사들과 사귀며 그곳 문물제도를 보고 배운 것을 기
록한 여행기다. 정조가 임금 자리에 오른 지 5년째 되는 해인 1780년
5월 25일부터 10월 27일까지 무려 여섯 달 동안 애초 목적지인 청나라
서울 연경(북경)을 거쳐 열하까지 2,300여 리를 한여름 무더위와 큰비
가 온 뒤 무섭게 흐르는 강물과 싸우며 가고 또 갔다.

그 ≪열하일기≫를 요즘 말로 번역해서 옮긴이들은 이 책을 세계 최고의 여행기라고 말했다. 어째서일까? 너무도 힘든 여섯 달 동안의 긴 여행, 지금처럼 교통편이 편한 세상도 아니고 목숨을 건 고행 길에 남들보다 하나라도 더 보고, 꼼꼼하게 살펴보고, 다양한 사람을 사귀는 창조의 여행을 누가 박지원만큼 쉽게 할 수 있을까?

연암은 늘 새벽에 일어났다. 그리고 일행보다 먼저 떠나 더 많은 것을 보았다. 말도 통하지 않는 청나라 사람들과 수없이 글씨를 써서 밤새 필담을 나누는 박지원은 그저 부지런한 사람이 아니었다. 수없이 보고, 생각하며, 창조하는데 엄청난 노력을 한 사람이다. 그 때문에 ≪열하일기≫는 세계 최고의 여행기라는 칭찬을 듣는 것이다.

4

조선의 책들
음식디미방, 규합총서, 오주연문장전산고

조선시대 요리서들

먼저 1700년대 이표가 쓴 ≪수문사설(謏聞事說)≫은 숙수(熟手:궁궐에 잔치와 같은 큰일이 있을 때에 음식을 만드는 사람)들의 비결을 알아내서 쓴 책이다. 또 1809년(순종 9년) 빙허각(憑虛閣) 이씨(李氏)가 쓴 여성백과사전인 ≪규합총서(閨閤叢書)≫도 그 안의 '주식의(酒食議)' 편에 각종 요리법이 담겨 있다.

이 밖에도 1800년 말의 책으로 지은이를 알 수 없는 ≪시의전서(時議全書)≫는 광범위한 조리법을 분류 정리하여 조선 후기의 전통음식을 소개한 책이다. 또 서유구가 지은 가정백과사전 ≪임원십육지(林園十六志)≫ 중 정조지(鼎俎志)는 동서고금의 조리서를 모아 편집한 것인데 조리법이 구체적이고 합리적으로 분류되어 있다. 또 각종 조리법과 먹을 때 주의할 점 등을 적은 ≪군학회등(群學會騰)≫ 따위도 보인다.

조선시대 백과사전들

조선시대에도 지금의 백과사전과 비슷한 책들이 있었다. 조선 중기 실학의 선구자 지봉 이수광이 편찬한 한국 최초의 백과사전인 ≪지봉유설(芝峯類說)≫이 그 시작이다. 세 차례에 걸친 중국 사신 길에서 얻은 견문을 토대로 1614년(광해군 6년)에 펴냈다. 조선은 물론 중국, 일본, 안남(安南:베트남), 유구(流球:오키나와), 섬라(暹羅:타이), 자바(爪哇), 말라카(滿刺加) 등과 멀리 프랑크(佛狼機), 잉글리시(永結利) 같은 유럽의 일까지도 소개하여 한민족의 인생관과 세계관을 새롭게 하는 데 이바지하였다는 평이다.

이후 영조임금의 명으로 1770(영조 46년)년에 펴낸 ≪동국문헌비고(東國文獻備考)≫는 한국의 문물제도를 분류, 정리한 책이며, 조선 후기의 학자 성호 이익(李瀷)의 ≪성호사설(星湖僿說)≫, 조선 후기의 학자 이규경(李圭景)의 ≪오주연문장전산고(五洲衍文長箋散稿)≫ 따위가 있다.

조금만 관심을 두면 여러 가지 음식을 기록한 요리서는 물론이고 백과사전부터 문물제도에 이르기까지 우리 겨레문화의 고갱이를 엿볼 수 있는 책이 많다. 서양요리서도 읽고 브리태니커사전도 보아야 하지만 민족자긍심을 느낄 수 있는 숱한 고전들도 이제 먼지를 털어 우리의 일상 속으로 끌어내야 할 것이다.

① ≪음식디미방(飮食知味方)≫

정부인 안동 장씨가 1670년 무렵에 지은 요리서이며, 궁체로 쓴 필사본이다. 음식디미방은 동아시아 최초의 여성 조리서이며, 최초의 한글조리서이다. 표지에는 '규곤시의방', 내용 첫머리에는 한글로 '음식디미방'이라 쓰여 있다. 음식디미방은 한자어로 그중 '디'는 알 지(知)의 옛말이며, 제목을 풀이하면 '음식의 맛을 아는 방법'이라는 뜻을 지닌다.

음식디미방은 예부터 전해오거나 장씨 부인이 스스로 개발한 음식 등, 양반가에서 먹는 각종 특별한 음식들의 조리법을 자세하게 소개했다. 가루음식 조리법과 떡 빚기 그리고 어육류, 각종 술 담그기도 자세히 기록해두었다. 이 책의 원본은 경북대학교 도서관에 있다.

▲ 〈음식디미방〉 표지,
후손이 책을 낼 때 겉표지에
'규곤시의방'이라 써놓았다.
경북대학교 고전총서 10,
경북대학교 출판부, 2003년

② ≪규합총서(閨閤叢書)≫

1809년 여성실학자 빙허각 이씨가 쓴 여성백과.

현재 목판본 1책(가람문고본), 필사본(2권 1책)으로 된 부인필지(1권 1책, 국립중앙도서관 소장본) 및 개인소장본(필사본 6권) 등이 전해진다. 여성들에게 교양지식이 될 만한 것들이 한글로 기록되었다. 지금은 잘 알 수 없는 각종 비결과 문자가 많아 당대의 생활사를 연구하는 데 좋은 자료가 된다.

*주식의(酒食議) : 장 담그기, 술 빚기, 밥·떡·과줄(한과)·반찬 만들기 등

*봉임칙(縫紝則) : 옷 짓는 법, 염색법, 길쌈, 수놓기, 누에치기와 그릇 때우는 법, 불 켜는 방법

***산가락**(山家樂) : 농작과 원예, 가축 치는 법 등

***청낭결**(靑囊訣) : 태교, 육아법과 구급방, 약물 금기 등

***술수략**(術數略) : 집의 방향에 따라 길흉을 아는 법과 귀신 쫓는 부적 등

③ ≪오주연문장전산고(五洲衍文長箋散稿)≫

19세기 실학자 이규경이 쓴 백과사전으로 이수광(李晬光)의 ≪지봉유설(芝峰類說)≫을 종합 확대하고 발전시킨 책이다. 이규경은 평생 벼슬을 하지 않고 할아버지 이덕무가 이룩한 실학을 계승하여 집대성하는 데 전념하였다.

역사·경학(유학 관련)·천문·지리·불교·도교·문학·음악·음운·병법·광물·초목·어충·의학·농업·광업·화폐 등 총 1,417항목에 달하는 내용이 담겨 있다.

저자의 학문적 특징은 박학(博學)과 사상적 개방성에 있다. 저자는 13경(經)에 대해 주석을 달 정도로 성리학에 해박하였으며, 불교와 도교 및 서학에 대해서도 열린 자세를 가졌다. 서학에 대한 내용은 〈지구변증설(地球辨證說)〉 〈용기변증설(用氣辨證說)〉 〈척사교변증설(斥邪敎辨證說)〉 같은 곳에 나타나 있는데, 발전한 서양의 과학기술은 받아들이고 천주교는 사교로서 물리쳐야 한다는 내용이다. 역사 부분에서는 중국의 역사에만 관심을 두지 말고 우리의 역사에 대해 애정을 가질 것을 강조하고 역사적 사실을 치밀하게 고증한 것이 특징이다.

〈울릉도사실변증설(鬱陵島事實辨證說)〉에서는 평민 안용복(安龍福)이 울릉도를 우리 영토로 만들기 위해 노력한 사실을 소개하고 있다. 또 농가(農家)의 월령(月令)에 대한 것이 언급된 〈오하전가지변증설(吳下田家志辨證說)〉, 구황식물로서 감자의 중요성을 언급한 〈북저변증설(北藷辨證說)〉, 고기잡이 도구에 대한 〈어구변증설(漁具辨證說)〉 등이 있다.

한양궁궐과
서울성곽 이야기

1

동전던지기로 결정한
한양으로의 천도

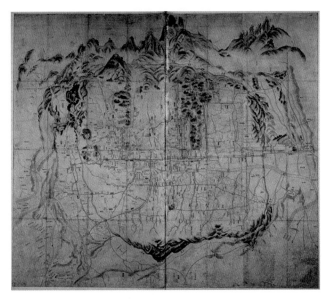

▲ 18세기에 나온 〈도성대지도〉, 서울역사박물관 소장

한 나라의 서울이 되려면 첫째 군사적으로 방어하기 편리한 곳, 둘째 강과 해상을 통하여 물자를 수송하기가 편리한 곳, 그리고 셋째는 사방으로 거리가 균등하여 교통이 편리한 곳인데 한양은 이 세 조건을 갖추고 있었다. 따라서 이러한 한양의 인문지리적 위치의 중요성과 그에 따른 역사적 사실들은 조선 초 한양천도의 여러 원인 중에서도 하나의 배경이 되었다. 그러나 이러한 조건들보다 더욱 중요한 요인들이 있었다. 태조가 한양 천도를 서둘렀던 까닭 또는 천도론의 배경은 다음 세 가지가 결정적으로 작용했다.

첫째는 새 왕조를 열려면 임금과 신하들 모두 심기일전하여야 했다. 그뿐만 아니라 오랜 기간 고려왕조의 서울이었던 송도는 그에 충성하던 무리가 똬리를 틀고 있는 곳이어서 고려왕조에 대한 미련이 많을 수밖에 없다.

둘째는 전부터 있어 오던 풍수도참설이 많은 영향을 끼쳤다. 고려조에서도 일찍부터 송도의 기운이 다했기 때문에 무신난과 몽고전란 등의 환란이 일어날 수밖에 없다는 믿음이 팽배했다. 이에 태조는 즉위와 함께 천도 계획을 세웠던 것이다.

또 한 가지는 조선왕조를 열면서 생긴 여러 가지 일들이 태조로 하여금 고려 왕조의 서울 송도에 있기를 꺼리게 했다. 곧 조선왕조는 일시적인 유혈혁명으로 우왕, 창왕 그리고 최영, 정몽주 같은 충신을 죽였기 때문에 심리적 불안감을 크게 느낄 수밖에 없었다.

하지만, 서울을 옮긴다는 것은 참으로 어려운 일이었다. 먼저 태조는 고려의 황궁인 송도 수창궁에서 임금 자리에 오른다. 말하자면 조선왕조의 첫 번째 서울이다. 그러다 태조 2년인 1393년 3월 15일 마침내 나라 이름을 "조선"이라 하고 이듬해인 1394년인 태조 3년에 지금의 서울인 한양으로 천도했다. 조선왕조의 두 번째 서울인 것이다. 그후 제1차 왕자의 난, 이른바 무인정사로 이방원이 정국의 실세로 부상하게 되면서 1398년 태조가 양위를 하고 정종이 임금에 오른다. 형제간의 골육상쟁에 회의를 느낀 정종은 그래서 1399년 다시금 개성으로 서울을 옮긴다. 이래서 송도는 다시 조선왕조의 세 번째 서울이 되었다. 그리고 조선의 세 번째 임금 태종이 등극하면서 조선은 다시금 서울을 옮긴다. 조선왕조의 네 번째 수도인 셈인데 이후 한양은 1910년 조선이 멸망할 때까지 한 나라의 서울로서 그 위상을 갖게 된다. 그런데 여기서 태종이 한양으로 다시 옮길 때는 재미있는 이야기가 서려있다. 다음은 태종실록 4년 10월 6일 조에 있는 글이다.

"여러 신하를 거느리고 예배(禮拜)한 뒤에, 조상의 혼백을 모신 묘당(廟堂)에 들어가, 향을 피우고 꿇어앉아, 이천우에게 명하여 밥상 위에 동전을 던지게 하니, 새로 정한 서울은 2길(吉) 1흉(凶)이었고, 송경(松京)과 무악(毋岳)은 모두 2흉(凶) 1길(吉)이었다. 이에 임금이 한양으로 서울을 천도하기를 결정하고, 땅의 생김새를 보고 길흉을 판단하여 향교동(鄕校洞) 동쪽 가에 이궁(離宮, 태자궁)을 짓도록 명하고……."

나라의 중대사인 도읍지를 결정하는데 왜 태종은 동전을 던지는 "척전(擲錢)"이라는 방법을 썼을까? 아마도 이는 천도를 반대하는 사람들에게 무리하게 밀어붙이기보다는 명분과 정당성을 내세우려 했던 것으로 생각된다. 종묘에 모신 영령의 뜻이 한양에 있다며 한양으로의 천도에 정당성을 부여하기 위한 고도의 정치적 행위인 것이다.

이처럼 정치적 행위에는 뜻밖에 엉뚱함이 있다. 그리고 아무리 막강한 힘을 가진 태종이라도 무리하게 밀어붙이지는 않았음을 우리는 깨닫게 된다.

2

경복궁과 풍수지리

◎ 경복궁의 위치가 잘못되었다고 한 무학대사

　무학대사와 함께 한양을 찾아온 태조는 궁궐터를 찾다가 지금의 왕십리에 당도하였다. 청계천이 합류하는 곳에 멈춘 뒤 서울이 될 만한 땅을 찾았다. 북악산과 남산 사이에 상당히 넓은 명당을 발견하고, 그곳이 왕도로 좋은 터라고 생각하였다. 그런데 어디에 궁터를 정해야 할지 가늠하기 어려웠다. 그때 한 할멈이 나타나 "이곳에서 십리를 더 간 곳이 좋다."라고 일러 준 뒤 사라졌다. 두 사람은 신의 계시라고 믿고 북악산 기슭에 궁궐터를 잡았다고 전한다. 그래서 그 할멈이 나타난 곳을 왕십리라 불렀다.

◎ 경복궁의 풍수지리

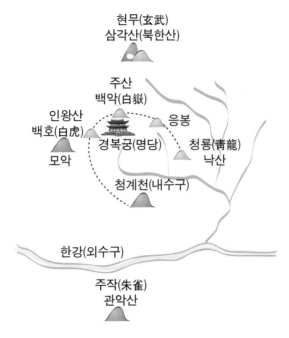

▲ 한양 도읍풍수도

　조선왕조가 한양을 서울로 하고 궁궐을 지을 때 당대 풍수의 대가
이며 불교계 왕사인 무학대사와 유학의 거목인 정도전 사이에 논쟁
이 있었다. 무학대사는 "건물의 방위를 정함에 서쪽의 인왕산을 주산
으로 하여 낙산을 바라보는 형상이 국운이 오래갈 것"이라고 하고,
정도전은 "한 나라의 장래를 어찌 미심쩍게 풍수에만 맡길 수 있겠는
가? 임금이 백성을 잘 다스리려면 남쪽을 향하고 북쪽을 등져야 한
다."라고 주장했다.

결국, 정도전의 주장대로 지금 청와대 뒤 북악산을 주산으로 하여 남산을 바라보도록 경복궁이 지어졌다. 무학대사는 정도전의 주장대로 궁궐이 지어지자 북악산의 산세가 갈라지고 찢어지는 가파른 형상이라 200년 뒤 반드시 이 나라에 후환이 있을 것이라고 예언하며, 왕사의 직분을 버리고 산사로 들어가 잠적해 버렸다. 조선 건국 200년 뒤인 1592년에 임진왜란이 일어난 것이 예언대로 된 것일까?

◎ 관악산의 화기

관악산은 남산 너머에서 경복궁과 마주보는 조산인데, 일찍이 무학대사는 북악산을 주산으로 삼아 남향으로 경복궁을 지으면 정면의 관악산이 궁궐을 위협하니 그 탓에 내우외환이 잦을 것이라고 말했다. 그 까닭은 관악산의 모양이 화기를 품은 화산이고 그 기운이 한강을 건너 궁궐에 전달될 염려가 컸기 때문이다. 풍수지리에서는 "보이지 않는 살기(殺氣)는 관계치 않으나 보이는 살기는 해가 된다."는 원리에 따라 관악산이 비록 한강 너머의 먼 곳에 있지만, 경복궁에서 그 산이 바라보이기 때문에 좋지 못하다고 보는 것이다. 실제 역사상 경복궁은 화재가 자주 일어났다.

◎ 조선시대의 소방서와 소방관 이야기

조선시대에도 소방서와 소방관이 있었다. 먼저 조선 전기에 한양을 건설하고 나서 화재가 잦자 집 사이에 방화장(防火墻, 불을 막는 담)을 쌓고, 곳곳에 우물을 팠으며, 초가집을 기와집으로 개량했고, 1426년 (세종 8) 일종의 소방서인 금화도감(禁火都監)을 설치하였다. 이 금화도감은 수성금화도감(修城禁火都監)이 되었다가 1481년(성종 12) 수성금화사(修城禁火司)로 고쳤다.

수성금화사(修城禁火司)에는 멸화군(滅火軍)이란 상근소방대원이 있었는데 불을 없애는 군사라는 말이 재미있다. 정원은 50명이었고 24시간 대기하고 있다가 불이 나면 관원의 인솔 하에 곧바로 출동해서 불을 끄는 소방관이다.

조선시대엔 실수로 자기 집을 태운 사람은 장 40대, 관가나 다른 사람의 집을 태운 사람은 장 50대, 불로 다른 사람에게 상처를 입힌 경우는 장 100대의 형을 받았다. 일부러 집을 태우면 처벌이 더 무거웠음은 물론이다.

3

경복궁과 자금성 견주기

　북경에 다녀온 사람들은 흔히 "북경에 가면 자금성은 꼭 보아야 한다. 자금성은 경복궁이 비교되지 못할 만큼 대단하다."라고 말한다. 물론 누구나 자금성을 보면 그 큰 규모에 놀란다. 그래서인지 경복궁은 자금성의 화장실(?) 정도로 말하는 사람도 있다.

　하지만, 어떤 사물을 크기로만 견주는 것은 천박한 일이다. 경복궁은 전통적인 조선인의 미적감각과 세계관을 조화롭게 표현한 건축물로 검소하면서도 부족하지 않고 화려하면서도 사치하지 않은 궁궐이라고 말한다. 자금성은 엄청난 크기, 엄격한 대칭, 깎아지른 직선으로 삼엄하고 답답한 느낌이 들지만 경복궁은 열린 구조로 자연과 조화를 이루면서 자연을 궁궐로 이끌어오고, 어디에서나 문을 열면 그 문을 통해 마치 한 폭의 동양화를 걸어놓은 듯한 느낌을 준다. 우리 것의 올바른 가치를 아는 것이 참 중요롭다.

배산임수 사상으로 지은 경복궁, 뒤엔 북악산이 자리하고 앞엔 한강이 흐른다. 하지만, 자금성엔 산과 강이 가까이 없다. 경복궁의 면적은 실제 자금성의 4/7인데 "경복궁은 자금성의 화장실만 하다."란 말은 엄청난 과장이다. 다만, 그렇게 느낄 수 있는 것은 자금성이 높게 쌓은 성벽과 크게 지은 건축물들 때문이다.

또 자금성은 9,999칸인데 비해 경복궁은 999칸이라고 하는 사람도 있다. 하지만, 실제 자금성이 8,886칸인데 견주어 경복궁은 7,225칸이 었었다고 한다. 다만, 일제가 많은 건물을 헐고 팔아버려 겨우 700여 칸이 남아 있을 뿐이다.

◎ 경복궁(景福宮)과 자금성(紫禁城)의 뜻

<경복궁>

정도전이 지은 이름으로 ≪시경≫에 나오는 "이미 술에 취하고 이미 덕에 배부르니 군자만년 그대의 큰 복을 도우리라."에서 큰 복을 빈다는 뜻의 "경복(景福)" 두 글자를 딴 것이다. 다시 말하면, 백성과 임금이 모두 잘사는 태평성대를 꿈꾼 이름이다.

<자금성>

자금성의 "자(紫)"는 하늘의 아들 천제가 사는 "자궁(紫宮)"을 뜻하고, "금(禁)"은 금지구역 곧, 하늘의 아들 황제가 사는 곳으로 일반 백성은 감히 들어올 수 없는 금지된 성이란 뜻이다. 결국, 경복궁은 임금이 백성과 함께 복을 누린다는 것이지만, 자금성은 황제와 백성 사이에 커다란 벽이 존재한다.

◎ 기와집 처마와 버선코 그리고 섶코의 아름다움

▲ 한국 곡선의 아름다움들. 한복 저고리의 섶코(위 왼쪽),
외씨버선의 버선코(오른쪽), 경복궁 근정전의 날렵한 처마

끝을 살짝 들어 올린 기와지붕의 멋을 아는가? 중국의 지붕을 보면
처마가 하늘로 치솟아 올라 과장이 심하다는 느낌이 들고, 일본의 지
붕은 단조롭고 직선적인 맛을 주며, 그저 평범하게 직선으로 내려뜨렸
다. 하지만, 한국의 지붕은 살짝 들어 올려 은근한 아름다움과 우아하
면서도 담담한 곡선으로 자연미가 넘친다는 평가를 받는다. 여기서 직
선으로 내려뜨렸다는 것은 끝을 의미하지만 한국의 기와지붕처럼 땅을
향해 내리꽂다가 하늘을 향해 날렵하게 날아오르는 형태는 비상(飛
上)을 뜻한다.

그것은 한국인의 의생활에서도 나타난다. 한복에는 버선을 신게 되는데 발끝이 닿는 버선코도 역시 날렵하게 그리고 살짝 들어 올려졌다. 그리고 한복 저고리 겉섶의 끝에도 역시 섶코라 하여 살짝 하늘로 날아오른다. 요즘은 코도 버선코 모양으로 수술하려는 여성이 늘고 있다고 한다. 직선에 이은 곡선의 미학, 그것은 한국에만 존재하는, 한국인만이 창조 가능한 아름다움이 아닐까?

◎ 근정전, 강녕전, 교태전, 인정전에 들어있는 뜻

▲ 궁궐 편액들 / 근정전, 강녕전, 교태전, 인정전(시계방향)

궁궐의 주요한 건물들 이름에는 무슨 뜻이 들어 있을까? 맨 먼저 경복궁의 법전(정전)인 '근정전(勤政殿)'은 임금이 나라일을 처리함에 부지런히 백성을 위해 일하라는 뜻으로 정도전이 지었다. 임금이 일상생활을 했던 곳이며, 은밀한 정무를 보기도 했던 강녕전은 "오복중의 하나가 강녕이며, 임금이 강녕하면 그 혜택이 백성에 이른다."라는 뜻이 들어 있다.

그런가 하면 창덕궁 '인정전(仁政殿)'은 어진 정사를 펴라는 뜻이 있으며, '선정전(宣政殿)'은 백성에게 베푸는 정사를 하라는 뜻이다.

이렇게 임금이 정치하는 공간이 아닌 왕비가 사는 은밀한 공간인 '교태전(交泰殿)'도 있다. 그 교태전은 음양 곧 남녀가 서로 마주하여 교합하는 조화를 이루고, 생산을 잘하라는 뜻이 담겼다.

◎ 창덕궁 인정전 앞의 드므와 부간주 이야기

조선 궁궐 중 하나인 창덕궁의 중심건물은 인정전인데 순조 4년 (1804)에 다시 지은 것이다. 그 인정전 앞에는 '드므'와 '부간주'라는 것이 있다. '부간주'는 액운을 막아준다 하여 상징적으로 놓아둔 것인데 동지에는 팥죽을 끓여 먹기도 한 것이다. 또 '드므'는 화재를 막으려고 물을 담아 상징적으로 놓아둔 것인데 화마가 왔다가 드므에 비친 자신을 모습을 보고 놀라서 도망간다는 이야기가 전해진다.

▲ 창덕궁 인정전 앞의 드므(왼쪽), 부간주

경복궁 근정전 처마 밑에 그물이 쳐있다. 혹시 근정전이 공사를 하고 있나? 아니다. 이것은 요즈음 친 것이 아니고, 예전 건물을 지었을 때부터 쳤던 그물이다. 그 이름은 '부시'인데 새들이 건물에 드나드는 것을 막으려는 것이다. 까치나 참새, 비둘기 같은 새가 드나들면서 똥을 싸면 보기에도 안 좋을 뿐 아니라 강한 산성이어서 목조건물에는 치명적인 나쁜 영향을 준다. 그래서 처마 밑에 '부시'를 쳐 새들의 드나듦을 아예 막아놓은 것이다.

또 본 건물 좌우의 긴 집채인 회랑과 대궐의 담(궐담) 같은 곳에는 부시를 칠 수가 없어서 대신 끝이 세 갈래로 갈라진 삼지창을 설치해 새가 앉지 못하도록 했다. 예나 지금이나 새는 건물에 문제였던가 보다.

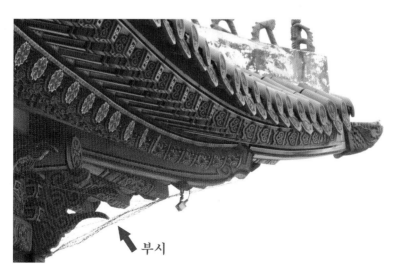

부시

▲ 새들이 드나드는 것을 막기 위한 부시

4

일제의 철저한 궁궐 파괴

경복궁은 조선시대 정궐이었으며, 우리 궁궐을 대표하는 곳이다. 그 경복궁의 법전인 근정전에는 임금만이 앉을 수 있었던 용상이 있다. 이 용상에 조선 초대총독인 데라우치 마사타케가 앉아 보고를 받았다. 당시 분명히 조선의 임금이 있었는데도 말이다. 그런 행위는 물론 상징적이지만 그들의 경복궁 파괴 행위는 철저하게 진행되었다. 경복궁의 후원에 있던 용문당, 융무당, 경농재, 경무대 등은 1926년에 모두 헐어 일본 고야산 용산사로 팔려갔으며, 건청궁은 1935년에 헐고 그 자리에 조선총독부 박물관을 지었다. 그뿐만 아니라 일제는 절에서 빼앗아온 불상들을 전시했으며, 골프장, 야외극장, 식당, 맥주회사, 은행, 우체국 따위를 세우려 했다는 기록도 있다. 그리고 박석이 있던 자리에 무덤에나 깔던 잔디를 깔고, 온돌방을 마루로 바꾸기도 했다.

◎ 일제가 망가뜨린 조선 궁궐 경희궁

조선 5대 궁궐은 경복궁, 창덕궁, 창경궁, 덕수궁, 경희궁이다. 이 궁궐들은 정도의 차이만 있을 뿐 일제의 파괴가 있었다. 창경궁은 동물원·식물원을 만들어 사람들의 놀이터로 만들었다. 하지만, 시민들에게 잊힐 정도로 망가뜨려 진 곳은 경희궁이다.

맨 먼저 조선총독부는 1910년 무렵 경희궁 터에 중학교를 지었고, 1922년에는 25,500평을 떼어 경희궁 동쪽에 전매국 관사를 지었으며, 1927~1928년에는 경희궁 남쪽 도로를 넓히면서 경희궁 터 일부는 도로가 되었다. 또 중학교 교실로 쓰던 경희궁 정전인 숭정전은 1926년 조계사에 팔았으며, 회상전은 중학교 부설 임시소학교 교원양성소의 교실·기숙사로 쓰다가 역시 조계사에 팔아버렸고, 편전 흥정당은 소학교 교실로 쓰다가 1928년 광운사라는 절에 팔았다. 그뿐만 아니라 경희궁 정문인 흥화문은 이등박문을 추모하는 절 "박문사" 정문으로 썼다.(지금은 경희궁 자리로 옮겨 복원) 결국, 1920년대를 지나면서 경희궁은 일부 회랑을 빼고는 흔적도 없이 사라졌다.

◎ 우리 궁궐에서 '구들' 을 빼앗은 일제

우리는 이미 고구려 때부터 구들문화가 발달하여 불을 다스려 난방과 밥짓기를 동시에 해결하는 대단한 과학을 가졌다. 또 구들은 방바닥에서 열기가 올라오게 하여 배꼽 아래를 따뜻하게, 가슴 위로는 차게 하는 것이 건강하다고 하는 한의학의 논리에 잘 맞는다. 물론 조선시대에 지은 우리의 궁궐들도 구들문화가 살아 있었다. 난방하려고 눈물을 흘렸던 서양, 다다미를 깔아 생활했던 일본과는 다르다.

그런데 창경궁의 전각들을 보면 구들이 아닌 마루가 놓인 것들이 있다. 환경전(歡慶殿)을 비롯한 많은 전각은 구들이 놓여 있었던 것으로 일제가 훼손하여 마루로 변질되었는데 다행히 통명전(通明殿), 양화당(養和堂) 등은 최근 구들을 복원하였다. 일제는 분명히 우리의 궁궐인 창경궁을 '창경원'으로 이름을 바꾸고, 동물원을 만든 것은 물론 구들까지 훼손했음을 우리는 알 필요가 있다.

5

4대문과 4소문

< 4대문 >

1) 흥인지문(興仁之門, 동대문)

도성의 동쪽이 낮고 허술해 한양이 임진왜란 때 함락되었다는 소문이 돌자 이 허점을 보완하려고 동쪽으로 산과 성을 높게 쌓는 대신 문 이름에 갈 "지(之)"를 넣어 흥인문을 흥인지문이라고 하여 지세의 허약함을 보완하였다.

2) 돈의문(敦義門, 서대문)

서울 성곽의 4대문(四大門) 가운데 서쪽 큰 문으로 일명 '서대문(西大門)·새문·신문(新門)이라고도 했다. 일제강점기인 1915년에 일제의 도시 계획에 따른 도로 확장을 핑계로 철거되어 지금은 그 흔적조차

찾을 길이 없다. 다만, 원래 자리가 경희궁터에서 독립문 쪽으로 넘어가는 고갯길쯤에 있었을 것으로 짐작된다. 지금 서대문 사거리 못 미쳐 강북삼성병원 근처에 표지판이 있다.

3) 숭례문(崇禮門, 남대문)

한양의 도성에 설치된 8개의 문에는 역법의 팔괘를 본 떠 정도전이 편액을 써 붙였다. 남쪽의 대문은 숭례문인데 숭례의 예를 오행에 해당시키면 화이고 화의 방위는 남방이기 때문에 남쪽을 나타낸다. 그런데 이 성문의 편액만 세로로 써 달았는데 이것은 숭례의 두 글자가 불꽃을 상징하는바, 궁궐에 직면하는 관악산의 화기에 대항키 위한 풍수적 염원인 셈이었다. 세로로 마치 타오르는 불꽃처럼 써놓고는 불로써 불을 다스린다는 생각을 했다.

또 이름이나 현판만으로는 안심을 못해 숭례문에서 서울역을 바라보고 서남쪽 모퉁이에 관악산의 화기(火氣)를 누르고자 숭례문 앞에 못을 팠는데 남지(南池)라고 불렀다. 이 남지는 일제강점기 사라졌다. 현재 이곳에는 "남지(南池)"라는 표지석이 있다.

4) 숙정문(肅靖門, 북대문)

순조 때 실학자 이규경이 쓴 ≪오주연문장전산고≫를 보면 숙정문에 대해 다음과 같은 내용이 보인다. "양주 북한산으로 통하는 숙정문 역시 지금 문을 닫아서 쓰지 않으니 언제부터 막았는지는 알 수 없다. 전하는 바로는 이 성문을 열어 두면 성 안에 '상중하간지풍(桑中河間之

風)' 이 불어댄다 하여 이를 막았다 한다."

▲ 한양의 북문인 숙정문

　'상중하간지풍' 이란 부녀자의 풍기문란을 뜻한다. 한양의 세시풍속을 보면 정월 보름 이전에 부녀자들이 북문을 세 번 다녀오면 그 해의 액운이 없어진다 하여 무척 왕래가 잦았다. 그런데 이 풍속은 정월 보름 이전만이 아니라 한 해 내내로 바뀌었는데 그것은 울안에 갇힌 채 살아야 했던 부녀자들이 나들이를 하고 싶은 갈망에서 비롯되었을 것이다. 곧 북문 나들이는 부녀자들에게 해방을 뜻하는 것이 되었다.

　그에 따라 꽃이 있으면 벌이 모여들 듯 남정네들도 북문으로 모여든다. 그래서 북문 주변은 풍기문란의 온상이 되었음직 하다. 엄격한 유교 사회에서 감히 상상하기 어려운 일들이 벌어졌음을 의미한다. "사내 못난 것 북문에서 호강 받는다."라는 말이 있을 정도로 못난 사내라도 북문에 가면 부녀자들에게 환대를 받았다는 얘기다. 이러자 조정에서는 북문을 닫을 수밖에 없었을 것이다.

또 이 북문을 닫아버린 것은 북문 근처가 온통 뽕밭이었다는 것과도 관련이 있다는 주장도 나온다. 중국의 《시경》에 주나라의 선혜왕 때 상류층들이 서로 짝을 지어 뽕밭에서 밀회를 즐겼다든지, 위나라 땅 복상 뽕나무숲에는 남녀가 엉켜 음탕하기 그지없었다는 고사가 나오고 이것이 결국 한문의 상중(桑中), 상간(桑間)하면 음란, 음탕을 뜻하게 되었다는 것과도 관련이 있지 않을까? 곧 숙정문을 닫아버린 것은 이곳의 뽕나무밭과 관련이 있는지도 모른다.

< 4소문 >

1) 혜화문(惠化門:東小門:弘化門, 동북문)
본래 이름은 홍화문인데 창경궁 동문을 '홍화문(弘化門)'이라고 짓는 바람에 중종 6년(1511)에 혜화문으로 이름이 바뀌었다. 1928년 일제강점기 도시계획 명목으로 헐렸으나 1992년 복원되었다.

2) 광희문(光熙門:水口門:屍柩門, 동남문)
수구문(水口門)이라고도 불렀으며 죽은 사람들의 운구 행렬이 이 문을 통해 성 밖으로 나갔다고 해서 시구문(屍柩門)이라고도 불렀다. 1915년에 자연 붕괴되었는데, 1975년 현재와 같이 복원하였다.

3) 소의문(昭義門:昭德門:西小門, 서남문)

서남 사이의 소문으로 소덕문이라고도 불렸는데 1914년 도시계획 명목으로 철거되었다. 지금의 서소문동에 있었던 것으로 추측되며, 광희문(光熙門)과 함께 주검을 성 밖으로 운반하던 통로로 사용되었고, 궁궐에서 죄를 지은 사람들이 이 문을 통해 도성 밖으로 쫓겨났다.

4) 창의문(彰義門:紫霞門, 북서문)

창의문은 경복궁에서 보아 북서쪽에 자리 잡은 낮은 고개 위에 설치한 문으로 북문 또는 자하문이라 부른다. 그런데 1416년 풍수지리설을 주장하는 사람이 이 문의 통행이 궁궐과 왕조에게 불리하다고 하여 대문을 걸어 잠근 채 일반백성들의 통행을 금지하였다. 이것은 성문 밖의 산세가 흡사 지네를 닮았는데, 이 지네의 독기가 성문을 넘어 궁궐로 살기를 뿜어 대어 이것을 막아야 한다는 주장이었다. 그러나 1506년 이 문의 통행을 재개하였는데 지네의 천적인 닭 상을 조각해 지네의 독기가 창의문을 넘어가는 것을 닭이 쪼아 먹게 보완한 것이었다.

※ '숭례문'은 뭐고 '남대문'은 또 뭘까?

숭례문은 언제부턴가 남대문으로 불리며 이제는 숭례문보다 남대문이라는 말이 더 익숙해졌다. 그런데 그 과정을 보면 썩 개운치 않다. 우리 민족은 예부터 음양오행에 매우 익숙한 사람들이었다. 그 때문에 직접적으로 어떤 방향을 가리키기보다는 그것과 의미가 같은 다른 말을 사용했다. 이를테면 '남대문'이라고 직접적으로 표시하지 않고 '숭례문'이라고 불렀던 것이다. 숭례문의 '례'는 다섯 가지 도리[五常]인 '인의예지신(仁義禮智信)' 중에서 '禮'에 해당한다.

조선 초기 조선을 세웠던 인물들은 이 다섯 가지 도리를 서울의 사방에 세웠다. 보신각(普信閣)을 중심축으로 4대문에 "인(동-興仁門), 의(서-敦義門), 예(남-崇禮門), 지(북-肅淸門-예외), 신(가운데-普信閣)"이라는 이름을 붙였다(북문만은 예외이다.) 그런데 숭례문 대신 남대문, 흥인문 대신 동대문으로 더 친숙하게 불린다. 그 까닭은 무엇일까?

조선총독부는 1933년 8월 9일 제령 제6호 "조선보물고적명승천연기념물보존령"을 공포하여 이듬해에 이를 시행하게 되는데, 조선총독부는 보물 1호로 남대문을, 보물 2호로 동대문을, 보물 3호에 원각사지 십층석탑을, 보물 4호로 보신각종을 지정하였다. 숭례문이 국보 제1호가 된 것은 어쩌면 매우 자의적이었는지도 모른다. 국보에 대한 명확한 판단기준이 없이 행정편의상 줄 세우듯 국보의 호수를 배분한 것이다. 광복 이후 1962년 문화재보호법을 제정·공포할 당시 "조선보물고적명승천연기념물보존령"의 내용을 그대로 수용하면서 1963년 728점에 이르는 지정문화재 중 116점을 국보로 지정했던 것이다.

그러나 여기엔 잘못 알려진 사실이 있다. 남대문, 동대문을 마치 일제가 붙인 이름으로 생각하는 것이다. 하지만, ≪조선왕조실록≫ 태조 10권, 5년(1396년) 9월 24일) 2번째 기록에 다음의 내용이 있다. "성

쌓는 일을 마치고 일꾼들을 돌려보내었다. 봄철에 쌓은 곳에 물이 솟아나서 무너진 곳이 있으므로, 석성(石城)으로 쌓고 간간이 토성(土城)을 쌓았다. (중간 생략) 정북(正北)은 숙청문(肅淸門), 동북(東北)은 홍화문(弘化門)이니 속칭 동소문(東小門)이라 하고, 정동(正東)은 흥인문(興仁門)이니 속칭 동대문(東大門)이라 하고, 동남(東南)은 광희문(光熙門)이니 속칭 수구문(水口門)이라 하고, 정남(正南)은 숭례문(崇禮門)이니 속칭 남대문이라 하고, 소북(小北)은 소덕문(昭德門)이니, 속칭 서소문(西小門)이라 하고, 정서(正西)는 돈의문(敦義門)이며, 서북(西北)은 창의문(彰義門)이라 하였다."

또 ≪조선왕조실록≫ 인조 24권, 9년(1631) 4월 28일 1번째 기록에는 "남대문을 닫고 시장을 옮기고 북을 치지 못하게 하였는데, 날씨가 너무 가물기 때문이었다."라는 대목도 보인다.

이렇게 숭례문 흥인문은 조선 초기부터 남대문, 동대문이란 별명으로도 불렀다. 따라서 일제가 정식 이름 곧 숭례문 대신 남대문을 의도적으로 올렸을 가능성은 있지만 그 이름 자체를 일제가 만든 것은 아니고 조선 초기부터 써오던 이름이 분명하다.

※ 숭례문과 불

도성을 만드는데 많은 공을 들인 사람은 정도전으로 남쪽의 성문 곧 숭례문이 한강 건너의 관악산을 건너다보는 위치인데 이 관악산은 풍수로 보면 화기가 매우 강한 산이었기에 고민이 많았다고 한다. 또한 음양오행설(木-東,金-西, 火-南, 水-北)에 의하면 남쪽은 불의 기운을 가지고 있고, 례(禮)는 화기가 매우 강한 글자에 해당하니 불의 기운이 보통 강한 것이 아닌 셈이다. 이에 불의 기운이 도성 안에 그대로 들어오는 것을 막으려고 숭(崇)이라는 글자를 앞에 사용하였는데, 숭(崇) 또한 불을 상징하니 불의 기운으로 불을 막을 수 있다고 하여 정도전이 지었다고 하는 설이 있다. ≪지봉유설≫이나 ≪오주연문장전산고≫ 등에는 이에 정도전이 현판을 세로로 쓰도록 하였다고 하며, 글씨는 양녕대군(태종의 장남이며, 세종의 맏형)이 글씨를 썼다고 기록되어 있는데, 어떤 기록에는 이후에 화재로 현판이 소실되어 공조판서 유진동(柳辰仝)이 다시 썼다는 설도 있다.

현판을 세로로 건 것은 불이 아래에서 위로 솟구치는 형상인 동시에 물이 위에서 아래로 떨어지는 형상이기도 하므로 이렇게 하면 불의 기운을 막을 수 있다고 생각했던 것이다. 일종의 음양오행론적 이유에서 유래한 것으로 보인다.

그와 같은 이치로 북쪽의 숙정문의 경우에는 비록 북쪽에서 내려오는 지맥을 손상시킨다고 하여 출입하는 일은 별로 없었으나 물의 기운이 강하다고 하여 가뭄이 들면 문을 개방하고, 비가 많이 내리면 문을 닫았다고 한다. 하지만, 이런 조치들에도 숭례문은 크고 작은 화재를 겪었고 2008년 2월 10일에 또 불타고 말았으니 결국 불의 기운을 이겨내지는 못한 것 같다.

숙청문(肅淸門, 肅靖門)		
흑색		
북쪽		
겨울		
지(智)		
돈의문(敦義門)	보신각(普信閣)	흥인문(興仁門)
백색	황색	청색
서쪽	중앙	동쪽
가을	사계절	봄
의(義)	신(信)	인(仁)
숭례문(崇禮門)		
적색		
남쪽		
여름		
예(禮)		

▲ 사대문과 음향오행

6

서울 한양도성,
축성과 복원

  "서울 한양도성"은 사적 제10호로 원래 이름은 "서울성곽"이었으나 2011년 7월 사적의 통일된 지정명칭 부여 사업의 하나로 지금의 이름이 되었다. 총 길이는 약 18.2㎞, 면적은 46만 7,922㎡이다. 태조는 한양천도를 위하여 일차적으로 궁궐과 종묘를 먼저 지은 다음, 1395년 (태조 4) 9월 도성축조도감(都城築造都監)을 만들고 성곽을 쌓기 시작하여 1396년(태조 5)에 완공했는데 성벽은 백악(白嶽)·낙산(駱山)·남산(南山)·인왕산(仁王山)의 능선을 따라 쌓았다. 성 쌓기는 온 나라의 장정이 무려 11만 8,000명이나 동원되어 600척을 한 단위씩으로, 축성구역을 97구(區)로 나누었으며, 600척을 6등분 하여 각 공사구간에 판사(判事)·부판사·사(使)·부사·판관(判官) 등 12명씩을 임명하여 견고하게 쌓도록 책임을 맡겼다. 책임진 부분에 해당하는 성벽에 관

직과 군명(郡名)을 새겨 넣어 책임을 분명하게 하도록 하였는데 지금도
그 흔적이 남아 있다.

▲ 공사실명제를 보여주는 성벽(흥인지문 길 건너 성벽)

성곽에는 동쪽 흥인지문(興仁之門), 서쪽 돈의문(敦義門), 남쪽 숭례
문(崇禮門), 북쪽 숙청문(肅淸門)의 사대문(四大門)과 북동쪽 혜화문
(惠化門), 남동쪽 광희문(光熙門), 북서쪽 창의문(彰義門), 남서쪽 소의
문(昭義門)의 사소문(四小門)을 냈다. 이 가운데 흥인지문만은 옹성을
쌓았고 숙청문(숙정문)은 암문(暗門)으로 하여 문루를 세우지 않았다.
남대문은 1396년, 동대문 옹성은 1399년 완성되었다.

이후 세종 때와 숙종 때 대대적인 개축을 했다. 그런데 쌓는 방식과 돌의 모양이 각기 달라 처음 쌓은 때와 개축한 때의 성벽은 쉽게 구분된다. 곧 태조 때의 것은 1척 정도의 다듬지 않은 네모꼴의 작은 돌을 불규칙하게 쌓았으나 벽면은 수직이다. 세종 때는 2×3척(세종 때 1척은 31.22cm)의 긴 네모꼴로 된 다듬은 돌로 아랫부분에 쌓고, 윗부분은 작은 돌로 쌓았으며 성벽의 중앙부가 밖으로 약간 튀어나왔다. 이때는 철과 석회를 사용하여 축성기술이 향상되었음을 보여준다. 숙종때의 것은 가로·세로 2척의 정방형 돌을 정연하게 쌓아 간격도 일정하고 벽면도 수직이다. 이는 근대적 축성기술의 완성이라는 평가이다.

그러나 1907년 일제는 "성벽처리위원회"라는 기구를 만들어 서울성곽 철거계획을 세웠다. 이때 통감부는 "선인(鮮人) 동화를 위해 지나칠 수 없는 것이 있다. 한두 가지 예를 들면 산성이란 것이 조선 곳곳에 있고……. 점차 없애야 선인 동화를 이룰 수 있을 것으로 생각한다." 라는 억지를 내세웠고 이후 서울성곽을 비롯한 수많은 문화재가 훼손되기에 이른다. 이후 1915년 일제는 근대도시로의 발전이라는 핑계로 "경성시구역개수계획"이라는 것을 만들어 성문과 성벽을 무너뜨렸다. 특히 돈화문 같은 일부 성벽은 전찻길을 놓기 위해 무너뜨리기도 했다. 그 결과 현재 삼청동·장충동 일대에만 성벽이 남았고, 문도 남대문·동대문·동북문 외에는 모두 헐렸다. 1974년 말 "서울성곽 성문복원공사 계획" 수립 이후 광희문, 숙정문 문루, 혜화문 등이 복원되었고 성벽도 꾸준히 복원되고 있다. 세계문화유산 잠정목록 등재를 추진하고 있다.

▲ 성 쌓기의 역사가 그대로 드러나는 성곽

제3장
궁궐에서 일어난 일
- 세종대왕의
비밀 프로젝트

"한글을 아시나요?" 이 무슨 뚱딴지같은 소리인가? 도대체 한국 사람치고 한글을 모르는 사람이 있을까? 하지만, 곰곰 생각해 보면 '한글'에 대해 잘 아는 사람이 많지 않다. 어떤 사람은 한국 사람들이 가장 많이 오해하는 것은 한글, 한국말을 잘 안다는 생각이라고 꼬집는다. 초등학교부터 국어를 12년에서 16년을 배우고도 간단한 맞춤법 하나 모르는 것이 우리 실정이다.

그뿐만 아니라 훈민정음의 특징이 무엇인지, 훈민정음이 언제 '한글'이란 이름으로 바뀌었는지, 한글날은 언제부터 국경일로 지내왔는지 아는 사람이 많지 않다. 그러니 한글에 대해 안다고 할 수 없을 것이다. 우리는 말글과 떨어져 살 수가 없다. 공기의 소중함을 모르듯 말글 속에서 그냥 살아가기에 말글의 소중함을 모르고 살아간다. 또 한글은 세계 언어학자들이 격찬하는 위대한 글자인데도 정작 우리는 그 위대함을 모르고 푸대접하며, 남의 나라 글자인 한자와 영어 쓰기에 더 골몰해 있다. 우리의 자랑스러운 글자이면서 한글이 왜 위대한지, 한글의 특성은 무엇인지를 모른다는 것은 부끄러운 일이다.

1
〈훈민정음〉은
세종임금의 백성 사랑이 만든 작품

먼저 〈훈민정음〉 해례본 세종서문을 통해 창제의 동기와 목적에 대해
알아보자.

國之語音 異乎中國 與文字不相流通
故愚民 有所欲言 而終不得伸其情者 多矣
予 爲此憫然 新制二十八字 欲使人人易習 便於日用耳

우리나라 말이 중국과 달라서 한자와는 서로 잘 통하지 못한다. 이런
까닭으로 어리석은 백성이 말하고 싶어도 그 뜻을 펴지 못하는 사람이
많다. 내가 이것을 가엾게 생각하여 새로 스물여덟 글자를 만드니 모
든 사람들이 쉽게 익혀서 날마다 쓰는 데 편하게 하고자 한다.

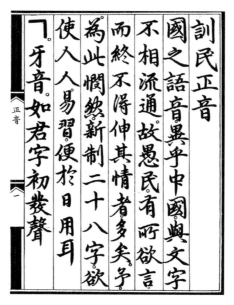

▲ 훈민정음 해례본 세종서문 (한글학회 영인본)

이 말이 뜻하는 바는 굳이 설명할 필요도 없다. 그야말로 세종임금의 백성을 사랑하는 마음이 그대로 나타나 있다. 또 그 속에는 민족의식을 깨닫고 있음이 드러난다. 그럼 이 〈훈민정음〉을 세종임금은 어떻게 창제하였을까? 세종실록에는 세종의 〈훈민정음〉 창제와 반포에 관한 극히 간단한 내용만이 들어 있다. 하지만 〈훈민정음〉 창제를 반대한 최만리의 상소문 등을 살펴보면 〈훈민정음〉 창제는 어려운 과정을 거친 것으로 짐작된다. 기록을 보면, 세종임금이 한글 창제에 밤낮으로 고생한 나머지 안질이 나서 이를 치료하려고, 청주 초정에 가게 되었다. 그때 시종을 줄이고, 모든 절차를 줄이며, 정무까지도 다 신하들에게 맡겼는데, 〈훈민정음〉의 연구는 요양하러 간 행재소에서까지 골몰

하였다. 이렇게 각고의 노력 끝에 25년 계해 겨울에 〈훈민정음〉이 완성되었지만 곧 최만리 등의 격렬한 상소를 시작으로 반대가 크게 일어나 세종임금의 고심이 이루 말할 수 없었다.

※ '훈민정음'이 '한글'로 된 까닭

한글은 세종임금이 28자를 반포할 당시 〈훈민정음〉이라 불렀다. 그런데 이 훈민정음은 언문(諺文), 언서(諺書), 반절, 암클, 아랫글이라 했으며, 한편에서는 가갸글, 국서, 국문, 조선글 등으로 불리면서 근대에까지 이르렀다. **개화기 한글 일등공신인 주시경 선생이 1913년 한자말 〈훈민정음〉을 우리말 '한글'로 고쳐 부르기 시작했다.** '한글'은 '한 나라의 글', '큰 글', '세상에서 으뜸가는 글' 등으로 풀이된다.

그런가 하면 조선어학회에서 훈민정음 반포 8회갑(480년-1926년)이 되던 병인년 음력 9월 29일을 반포 기념일로 정하여 '가갸날'이라고 기리다가 1928년에 '한글날'이라고 고쳐 부르면서 한글날 잔치를 시작했다. 이 한글날은 해방 뒤인 1946년 한글 반포 500돌을 맞이하여 공휴일로 정해 기리게 되었다. 하지만, 1991년 '한글날'을 공휴일에서 제외하여 일반 기념일로 지내다가 한글을 사랑하는 사람들의 끈질긴 노력 끝에 2005년 12월 8일 제256회 정기국회 본회의에서 한글날을 국경일로 지정하는 '국경일에 관한 개정 법률안'이 통과되어 다시 국경일로 지내게 되었다. 2012년 11월 8일 행정안전부가 '관공서의 공휴일에 관한 규정 일부 개정령안'을 입법예고하여 22년 만에 한글날은 공휴일로 재지정 되었다.

2

한글은 과학과 철학이
어우러진 글자

한글은 반포 당시에는 28글자였으나 현재는 ·ㆆㅿㆁ 등 4글자는 쓰지 않고 24자만 쓴다. 한글의 특징은 첫째, 과학과 철학이 어우러진 글자다. 곧 닿소리(자음)는 소리를 낼 때 발음기관의 생긴 모양을 본떠서 만들었다. 방사선 사진이 없었던 15세기에 그렇게 발음기관을 정확하게 파악하고 있었는지 학자들도 혀를 내두를 정도다. 또 홀소리(모음)은 하늘(·)과 땅(ㅡ)과 사람(ㅣ)을 상징한 철학이 들어 있고, 여기에 한 획씩 보태서 글자를 만들어 나가 질서 정연하고 체계적인 파생법으로 만들어졌다.

둘째, 독창적이다. 지구 위 모든 글자들은 오랜 세월 복잡한 변화를 거쳐 현재의 글자로 완성되었거나, 일본의 '가나', 영어의 '알파벳' 처럼 남의 글자를 흉내 내거나 빌린 것들이 대부분이다. 하지만, 한글은 독창적으로 만든 글자다.

셋째, 한글은 가장 발달한 낱소리(음소) 글자이면서 음절 글자의 특징도 가지고 있다. 곧 한글은 글자 하나하나가 낱소리(하나의 소리)를 표기하는 것은 물론 홀소리와 닿소리 음을 합치면 하나의 글자가 되고, 여기에 받침을 더해 사용하기도 하는 음절글자다. 또 한글은 한 글자에 한 가지 소리만 대응될 뿐만 아니라, 영어와는 달리 인쇄체나 필기체, 대소문자의 구별이 따로 없다. 그런 까닭으로 우리나라는 세계에서 문맹률이 가장 낮다. 〈훈민정음〉 해례본에 있는 정인지의 꼬리글에 "슬기로운 사람은 아침을 마치기도 전에 깨칠 것이요, 어리석은 이라도 열흘이면 배울 수 있다."라고 쓰여 있을 정도다.

넷째, 글자를 만든 목적과 만든 사람, 만든 때가 분명하다. 20세기 초 프랑스 한림원(Academia de France)에서는 지구상에서 쓰이는 말이 2,796개로 보고했는데, 이 중 100여 개만이 글자가 있다고 했다. 그러나 이러한 글자들도 모두 만든 목적과 만든 사람 그리고 만든 때를 모르고 있다.

다섯째, 글자 쓰기의 폭이 넓다. 훈민정음 해례본에서 "바람소리, 학소리, 닭 우는 소리, 개 짖는 소리까지 무엇이든지 소리 나는 대로 글자로 쓸 수 있다" 하였다. **한글 총수는 1만 1,172자로,** 세계에서 가장 많은 음을 가진 글자다.

3

외국 언어학자들도
극찬하는 한글

유네스코에서는 한글을 인류가 발명하거나 발전시킨 세계적 기록 문화유산으로 공인하였고, '세종대왕 문맹퇴치상(King Sejong Litercy Prize)'을 제정하여 해마다 세계 문명퇴치에 공이 큰 이에게 주었다.

미국의 과학전문지 〈디스커버리〉지에서, 레어드 다이어먼드라는 학자는 "한국에서 쓰는 한글은 독창성이 있고, 기호 배합 등 효율면에서 특히 돋보이는 세계에서 가장 합리적인 문자이며, 또 한글이 간결하고 우수하기 때문에 한국인의 문맹률이 세계에서 가장 낮다."라고 극찬하였다. 또 소설 ≪대지≫의 '펄벅'은 한글이 전 세계에서 가장 단순하며, 가장 훌륭한 글자라고 하였고, 세종대왕을 한국의 레오나르도 다빈치라고 칭찬했다. 몇 년 전 세상을 뜬 미국 시카고 대학의 세계적인 언어학자 맥콜리 교수는 20여 년 동안이나 동료 언어학자들과 학생들,

친지들을 초대해서 한국 음식을 차려놓고 "세계 언어학계가 한글날을 찬양하고, 공휴일로 기념하는 것은 아주 당연하고, 타당한 일이다."라 며 한글날을 기념할 정도였다.

그리고 동아시아 역사가인 하버드대학 라이샤워 교수는 저서에서 "한국인들은 전적으로 독창적이고 놀라운 음소문자를 만들었는데, 그 것은 세계 어떤 나라의 문자에서도 볼 수 없는 가장 과학적인 표기 체 계"라고 소개했다. 또 네덜란드의 언어학자 보스 교수는 한국학 논문 에서 "한글이야말로 세계에서 가장 훌륭한 문자"라고 평했다. 저명한 언어학자인 영국의 샘슨 교수도 "한글이 과학적으로 볼 때 세계에서 가장 훌륭한 글자라는 것은 의심의 여지가 없다. 무엇보다도 한글은 발성기관의 소리 내는 모습을 따라 체계적으로 창제된 과학적인 문자 일 뿐 아니라, 더 나아가 문자 자체가 소리의 특질을 반영하고 있다." 라고 했다.

이 밖에도 미국 캘리포니아 대학의 생리학자이며, 퓰리처상 수상자인 다이아몬드 교수, 일본 도쿄 외국어대 아세아 아프리카 연구소장인 우 메다 히로유끼(梅田博之) 교수, 독일 함부르크 대학에서 한국학을 강 의하는 삿세 교수, 파리 동양학 연구소의 파브르 교수, 미국 매어리랜 드 대학 언어학과 램지 교수 등 헤아릴 수 없이 많은 석학이 한글의 우수성을 앞 다퉈 말하고 있다.

일부에서는 글자 없는 나라에 한글을 이용하여 글자를 만들어주자고

운동하는 학자나 단체도 있다. 또 2007년 7월 중국 연변조선족자치주의 연길에서 열린 제12차 '2007 다중언어 정보처리 국제학술대회'에서는 운남성에 있는 지노족의 언어와 문화를 복원하고자 한글을 기초로 하여 글자를 만들어주고 사라질 위기의 문화를 복원하기 위한 한국·조선·중국 공동 협력사업의 추진을 합의했다.

한글은 그야말로 세계의 저명한 언어학자들이 격찬하는 훌륭한 글자임은 물론 글자 없는 민족에게 글자를 만들어줄 수도 있는 대단한 언어다. 이 훌륭한 글을 가진 우리는 미국이나 일본 등 강대국에 당당할 일이다. 제발 세종임금이 차려주신 잔칫상을 제 발로 차버리는 어리석음을 이젠 버렸으면 좋겠다. 글자가 없거나 과학적이지 못한 글자를 가진 나라 사람들에 견주면 우리는 얼마나 행복한가?

4

세종임금은 명나라에
지성으로 사대했다(?)

한 학자는 "세종임금이 명에 지성사대(至誠事大)를 했다."라고 주장했다. 우리가 아는 세종은 나라를 반석 위에 올려놓은 역사상 가장 위대한 그리고 자주적인 임금으로 알고 있다. 그런데 명나라에 지성으로 사대했다니 모두가 깜짝 놀랐던 것이다. 정말 그 학자는 세종을 사대주의자로 본 것인가?

지성사대로 볼 수 있는 예를 그는 여럿 들고 있다. 먼저, 세종실록 25권, 6년(1424년) 9월 2일 자 기록을 보면 "임금이 상복을 사흘 만에 벗지 않고 27일의 제도를 실행하다."라는 대목이 나온다. 신하들이 홍무제의 가르침에 "온 세상의 신하와 백성은 3일 만에 복을 벗으라."라고 했다며, 반대했지만 세종은 군신의 의리를 내세워 중국 천자의 죽음에 스무이레 동안이나 상복을 입었다. 또 명나라는 여러 차례 1만 ~ 3만 마리의 말을 바치라고 요구했다. 이에 국방력 약화를 우려한 신하들의 반대에도 "지금 만일 칙서를 따르지 아니하고, 말의 숫자를 채우지 못한다면 오해할 우려가 있다. 조선은 예부터 예의의 나라라고 하여 정성껏 사대하였다."라며 명에 말을 보냈다. 그뿐만 아니다. 세종 14년에는 농업국가의 중요한 자산인 소 1만 마리를 달라는 명의 요구를 따르기도 했다.

단순히 이런 세종의 행적만 보면 분명히 '지성사대'임이 확실하다. 그러나 과연 세종이 명을 끔찍이 사대하여 그렇게 했을까? 물론 그 학자는 세종을 단순 사대주의자로 본 것은 아니다. 그는 지성사대의 효과로 선진문물을 수입할 수 있었고, 안보를 튼튼히 할 수 있었다고 말했다. 또 명에 복속한 여진족을 정벌할 때도 아무런 문제가 생기지 않았다는 것이다. 다시 말하면 지성사대는 어디까지나 전략적이었다고 말하고 있다. 하지만, 그것이 끝일까?

세종은 최만리 등의 반대가 아무리 거세도 학문적으로는 아무 걱정이 없었다. 그것은 언어학에 관한 한 어느 신하도 따라올 수 없을 만큼 뛰어난 지식을 가지고 있었기 때문이다. 최만리의 격렬한 상소에 세종은 "네가 운서(韻書)를 아느냐. 사성 칠음(四聲七音)에 자모(字母)가 몇이나 있느냐. 만일 내가 그 운서를 바로잡지 아니하면 누가 이를 바로잡을 것이냐."라고 일축할 정도다.

학자들에 따르면 글자를 창제하기 위한 기본적인 바탕인 음성학, 음운학, 문자학 따위에 통달했음은 물론 절대음감의 소유자였다고 한다. 세종실록 59권, 1433년 1월 1일의 기록에는 다음과 같은 내용이 나온다.

"중국의 경(磬)은 소리가 어울리지도 모이지도 아니하는데 지금 만든 경(磬)은 옳게 만들어진 것 같다. 이런 경석(磬石)을 얻는 것은 다행스러운데, 지금 그 소리를 들으니 매우 맑고 아름다운 것은 물론 율(律)을 만들어 음(音)을 견줄 수 있기에, 매우 기쁘다. 다만, 이칙(夷則) 1매(枚)의 소리가 약간 높은 것은 무엇 때문인가?"

세종은 박연에게 모든 악기의 기본음 곧 황종음을 내는 황종율관을 새로 만들어 설날 아침 회례음악에 연주하게 했다. 그런데 연주를 마치자 세종은 동양음악 십이율(十二律) 가운데 아홉째 음인 이칙(夷則) 하나가 다른 소리가 난다고 지적한 것이다. 이는 먹이 덜 마른 데가 있었기 때문이었다. 음악 전문가 박연은 물론 회례연에 참석한 누구도 알지 못했지만 세종임금은 이를 확인한 절대음감의 소유자였다. 만일 그런 바탕이 없었다면 최만리 등의 반대를 극복하기 어려웠을 것이다.

하지만, 문제는 명나라였다. 나라가 세워진 지 50여 년 밖에 안 되어 나라의 바탕이 아직 튼튼하지 못한 때에 명이 문자 창제를 빌미로 시비를 걸어온다면 나라가 흔들릴 가능성도 있는 중대한 사안이다. 여기에 세종은 많은 고민을 했을 것으로 보인다. 실제 "밤 2경이 넘었는데 임금이 오히려 잠을 자지 못한다."란 기록이 있을 정도로 세종은 생각하고 또 생각했으며, 그래서 명의 요구를 철저히 따랐음은 물론 앞장서서 지성으로 섬기는 모습을 보인 것이다.

훈민정음 연구자들에 따르면 훈민정음 창제 이후 창제에 관한 명의 반응을 기록에서 찾을 수가 없다고 한다. 그것은 세종의 전략이 주효했을 가능성이 크다. 물론 다른 문자처럼 오랑캐들의 것이라 하여 무시했을 수도 있지만 세종이 지성으로 사대하는 모습에 전혀 의심을 하지 않았을 것이기 때문이다. 다른 여러 가지 지성사대의 효과들은 훈민정음을 무사히 창제하고 반포하는데 시비를 받지 않았다는 것에는 필적할 것이 아니다.

600여 년 전의 세종임금은 우리에게 많은 것을 주고 갔음은 물론 현대인에게 큰 가르침도 주고 있다. 세종은 훈수한다. 힘 있는 자와 어깨를 나란히 하려면 보이지 않는 전술전략을 슬기롭게 활용하라고 말이다.

5

훈민정음을 창제하기 위한
비밀 프로젝트

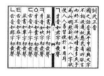

　누구나 세종의 가장 큰 공적을 훈민정음 창제로 보는데 주저하지 않는다. 그것은 지금처럼 한국이 발전하는데 지대한 공헌을 한 것이 한글만 한 것이 없다는 데 있다. 하지만, 세종이 훈민정음을 창제하는데 어려움이 없었을까? 세종실록 103권, 26년 2월 20일 자 기록에 보면 집현전 부제학 최만리 등이 언문 제작의 부당함을 아뢰는 상소를 한다.

　"우리 조선은 조종 때부터 내려오면서 지성스럽게 대국(大國)을 섬기어 한결같이 중화(中華)의 제도를 따라 글을 같이 쓰고 법도를 같이하는데도 새롭게 언문을 창제하신 것은 보고 놀랐습니다. 만일 중국에라도 흘러들어가서 혹시라도 비난하여 말하기라도 하면, 어찌 대국을 섬기고 중화를 사모하는 데에 부끄러움이 없사오리까."

▲ 훈민정음 비밀프로젝트의 산실 "강녕전"

　중국을 섬기는 나라에서 감히 독자적인 글자를 만들 수 있느냐는 힐난이었다. 이런 생각은 당시 중화사상에 찌들어 있던 대부분 조선 사대부들이 가지고 있었던 생각이었을 것이다.

　세종은 자신의 집권 기간에 훈민정음의 창제를 가장 중요한 일로 생각하고 있었다. 그렇게 중대한 프로젝트를 진행하면서 세종은 그런 최만리 같은 이의 반대와 함께 대다수 사대부들의 중화사상은 물론 중국의 태도도 고려하지 않을 수 없었다. 그래서 세종은 훈민정음을 창제하기 위한 전술전략을 쓸 수 밖에 없었다. 그 전술전략 가운데 가장 중요한 것은 훈민정음 창제를 공주와 왕자 등 최측근의 도움만 받아 극비리에 진행한 것이었다. 드러내놓고 했다면 도저히 계속할 수 없는 지경까지 몰릴 수도 있었다. 따라서 아마도 매일 밤 강녕전(康寧殿)에서는 세종대왕이 언어학과 씨름하고 있었을 것이다. 아무도 몰래 비밀스럽게 가끔 정의공주와 왕자들에게 숙제를 내주면서 말이다.

그뿐만 아니라 세종은 창제하고 반포한다 하더라도 사람들이 쓰지 않으면 아무 의미가 없음을 잘 알고 있었다. 그래서 어떻게 훈민정음을 자연스럽게 정착시킬 것인가를 고민한다. 훈민정음 연구의 대가인 김슬옹 박사는 "조선 시대 언문의 제도적 사용 연구(2006, 한국문화사)"에서 세종이 편 훈민정음 정착 과정을 다음처럼 정리했다.

"창제(1443)-운회 번역(1444)-최만리 반대 상소 논쟁(1444)-해외학자 자문(1445)-용비어천가 실험(1445)-완성·반포(1446)-공식 문서(의금부, 승정원)로 실천(1446)-언문청 설치(1446)-문서 담당 하급관리 시험제도 시행(1446)-다음 과거부터 모든 관리 시험에 훈민정음 실시 예고 (1447)-최초의 언문 산문책 '석보상절' 간행(1447)-세종 친제 '월인천강지곡' 간행(1447)-사서 번역 지시(1448)-정승 비판 언문 투서사건(1449)"

이로써 백성은 물론 사대부들도 어쩔 수 없이 쓰지 않을 수 없게 해나간 세종의 철저한 지략에 혀를 내두를 뿐이다.

6

시각장애인에게 벼슬을 준 세종,
500년 뒤를 내다보다

세종임금의 탄생일은?

우리 역사상 가장 위대한 인물로 인정받는 이 세종임금이 언제 어디서 태어났는지 아는 사람은 별로 없다. 스승의 날이 언제인지 모르는 사람은 없지만 정작 그 스승의 날이 세종임금 탄신을 생각하여 만든 날임을 아는 사람은 많지 않다. **5월 15일은 바로 세종임금이 태어난 날이다.** 세종임금은 태조 6년(1397년) 5월 15일 현재 서울 종로구 통인동 137번지 준수방(俊秀坊)에서 조선 3대 임금인 태종의 셋째아들로 태어났다. 준수방은 경복궁 서쪽문(영추문)이 있는 영추문길 맞은편 의통방 뒤를 흐르는 개울 건너편인데, 청운동을 흘러내리는 한줄기 맑은 물과 옥인동으로 내려오는 인왕산 골짜기의 깨끗한 물줄기가 합치는 곳이다. 하지만, 지금 그 자리엔 작은 비석만 하나 덩그러니 있을

뿐이다. 어느 날 가본 그 작은 비석엔 커피를 마셨던 일회용 종이컵이
놓여 있었다.

▲ 세종임금이 태어나신 준수방 표지석
(지하철 3호선 경복궁역 2번출구로 나와 300m쯤 간 곳에 있음)

절대군주, 세종임금의 끔찍한 백성사랑

우리의 위대한 임금, 세종의 업적은 세계 최고의 글자인 훈민정음 창
제 말고도 한둘이 아니다. 세종임금은 학문 창달, 과학 진흥, 외치와
국방, 음악 정리 등 뛰어난 업적을 남겼다. 세종임금은 이러한 위대한
업적을 세웠을 뿐 아니라 봉건왕조 시대의 절대군주이면서 백성을 끔
찍이 사랑한 임금이었다.

동아시아 농업국가에서 천체현상을 관찰하여 백성에게 때를 알려주는 일 곧, '관상수시(觀象授時)'는 임금의 가장 중요한 의무와 권리의 하나였다. 이에 따라 세종은 하늘과 땅을 연결하는 중재자로서, 하늘의 시간을 땅으로 가져와 백성에게 알려주고자 천문을 관측하고, 해시계와 물시계, 역서(曆書)를 만들어 반포하였다.

세종은 강녕전 서쪽에 흠경각을 짓고, 그 안에 시각과 사계절을 나타내는 옥루기륜(玉漏機輪)을 설치했다. 흠경이란 말은 바로 이 '관상수시'를 실천하는 집이란 뜻이다. 세종은 흠경각을 편전(임금이 거처하면서 정사를 보는 곳) 가까이 짓고, 수시로 드나들며, 천체의 운행을 관찰하여 농사지을 때를 알아 백성에게 알려주고, 하늘의 차고 비는 이치를 깨달아 왕도정치의 본보기로 삼았다. 또 세종은 흠경각루에 갖추어놓은 춘하추동의 풍경과 7달의 농사짓는 모습을 보며 백성 사랑과 농사의 중요성을 늘 되새겼다.

또 이때 표준시계인 자격루를 만들었다. 물론 '자격루'는 장영실이 만든 것이지만 이는 세종임금의 백성 사랑이 만들어 낸 것이라고 보아야 한다. 그때는 지금처럼 시계가 없어 해시계 등으로 시간을 측정하여 파루와 인정을 침으로써 성문을 열고 닫는 등 온 나라의 생활을 이끌던 시대다. 그런데 파루를 치던 군사는 종종 일에 지쳐서 졸다가 시간을 놓쳐 버렸으며 그래서 매를 맞는 경우가 자주 있었다고 한다. 파루를 치는 군사가 졸면 온 나라의 일상이 틀어지기에 막중한 일이었지만 격무에 시달리는 군사에게는 어쩔 수 없는 일이었다. 이에 세종임금은 파루를 치는 군사들을 매로 다스리는 것이 옳지 않음을 깨닫고 이 어려움을 없애 주려고 장영실 등을 시켜 자명종 시계 곧, 자격루를 만들게 한 것이다. 세종임금의 인품을 볼 수 있는 일화는 이것뿐이 아니다. 일식이 하늘의 경고라고 보고 구식례를 행하려다 중국에 맞춘 예보가 1각(약 15분)이 늦어 예보관이 장형을 맞자 예보관의 잘못이 아니라고 생각한 세종이 오목해시계, 혼천의 등 천문기구들과 시계를 만들도록 했다.

한 가지 더 있다. 세종 18년(1435년)에는 시각장애인 지화에게 종3품 벼슬을 주었고, 시각장애인을 위한 관청인 명통사에 쌀과 콩을 주어 시각장애인을 지원한 기록도 있다. 물론 장영실도 관노였지만 세종이 정4품 호군까지 올려놓았다. 이런 성품을 지녔기에 세종임금은 안질에 걸려가면서도 백성을 위해 훈민정음을 창제한 것이리라.

7
훈민정음 창제에 관한
오해

훈민정음은 분명히 세종임금의 작품이다. 하지만, 세종임금의 훈민정음 창제에 대한 오해 또는 다른 주장들이 있다.

특히 그동안 잘못 알려졌던 오해는 훈민정음의 창제가 세종임금의 지시에 의한 집현전 학자들의 공동작품이라는 얘기이다. 하지만, 당시 최만리를 비롯한 대부분 집현전 학자들과 사대부들의 뻔한 반대 때문에 드러내놓고 창제할 수 없었고, 또 훈민정음을 창제할 만큼 성운학에 능통한 사람이 없었다. 그래서 세종임금은 직접 창제할 수밖에 없었으며, 훗날 문종이 되는 세자, 수양대군, 안평대군, 둘째딸 정의공주 등 자식들의 도움으로 훈민정음 스물여덟 자를 만들었다.

특히 정의공주의 시댁 죽산 안씨 족보에 보면 "한글의 변음과 토착(사투리로 추측)을 세종임금이 대군들에게 풀라고 하니 대군들이 못

풀었지만 정의공주가 변음과 토착을 풀어 올려 세종이 극찬하시고 상으로 노비 수백 구를 하사하셨다."라는 기록이 있다. 이렇게 훈민정음 창제에는 여성인 정의공주가 다른 왕자들보다 더 큰 몫을 해냈다고 한다.

물론 정인지 등 일부 집현전 학자들의 도움이 있었던 것은 사실이다. 그러나 그 도움은 창제 이후 훈민정음을 정착시키는 일이었다. 일부에서는 훈민정음이 독창적인 것이 아니라 단군 3세 가륵임금 때인 기원전 2181년에 정음 38자를 만들어 '가림토(加臨土)' 문자라고 이름 지어 발표한 것을 세종임금이 표절한 것이라고 주장하기도 한다. 또 어떤 이는 세종임금 당시의 신미대사의 작품이라고도 주장하는 사람도 있다. 하지만, 이들 주장은 단순한 주장일 뿐 학문적인 실증이 없으며, 중국의 성운학 등 언어에 관한 지식에 통달한 세종임금이 산스크리트어 등 당시 존재했던 모든 글자들을 참고하여 만든 창작품이라는 것이 학계 공통적인 이야기이다.

오해는 이것뿐이 아니다. 훈민정음은 언문이라 하여 조선시대 양반이나 지배층들은 철저히 무시하고, 여성이나 피지배 계층에 의해 발달해 왔다는 것이 통념이었다. 그러나 〈조선왕조실록〉을 통해 조선시대 한글 어문정책을 연구해 온 김슬옹 교수는 이에 대해 전혀 다른 주장을 펼친다. 그는 '조선시대 언문 창제 이후 언문은 국가가 제정한 다중 공용문자 중의 하나' 였다고 한다. 언문은 전체적으로 보면 한문보다 공용문자로서의 비중은 작았지만 교화 정책과 실용 정책 측면에서는 한문과는 비교가 안 되는 비중을 지닌 공식 문자였다는 것이다.

 이는 언문이 단지 한문의 보조 차원 문자라기보다는, 한문과는 쓰임이 다른 문자라는 말이다. 대비, 중전 등은 언문을 썼고, 이들은 직접 언문교지를 내렸는데 신하들이 이를 받들려면 언문을 배울 수밖에 없었으며, 백성을 상대로 교화하기 위한 문서나 책들은 철저히 언문으로 썼기에 자연 언문이 무시될 수 없었다는 그의 주장은 설득력이 충분하다. 또 쉬운 훈민정음은 백성이 좋아할 수밖에 없었다. 반포한 지 3년밖에 안 된 세종 31년(1449)의 기록을 보면 "어떤 사람이 하정승을 비난하는 언문 글을 벽 위에 쓰다."라는 내용이 있는 것을 보면 3년 만에 백성 가운데 익명서를 쓸 정도로 언문이 상당히 퍼졌음을 말해주고 있다.

8
토박이말의 아름다움

소위 지성인이라는 사람들 대부분은 어려운 한자말이나 영어 쓰기에 혈안이 되어 있다. 마치 그것이 자신의 유식함을 증명하는 것이라도 되는 양. 하지만, 2살 때 일본에 건너가 70여 년을 우리말을 사랑하며, 토박이말로 시조와 글을 쓰는 사람이 있다. 바로 교토의 김리박 선생이 그분인데 우리도 잊었던 토박이말 사랑에 평생을 바치고 있다. 토박이말을 쓰면 훨씬 글이 아름다워진다는 것을 선생은 일찍 깨달았던 것이다. 이제 우리도 토박이말 사랑에 빠져볼까?

< 자연을 아름답게 표현하는 토박이말 >

1) 꽃보라 맞으며 꽃멀미 해보셨나요?

봄철이면 눈 속을 뚫고 나와 고고한 자태를 자랑하는 매화를 시작으로 진달래, 산수유, 개나리가 흐드러진다. 이때 '눈보라'처럼 꽃이 휘날리는 모습을 '꽃보라'가 인다고 하며, 꽃의 아름다움이나 향기에 취하여 어지럼증을 느끼는 것은 '꽃멀미'다. 또 '꽃보라' 비슷한 말로 '꽃눈깨비'도 있는데 이는 흰 눈같이 떨어지는 꽃잎을 말한다. 편지 쓸 때 "꽃보라 맞으며 꽃멀미 해보셨나요?"라는 문구를 써보면 멋지지 않을까?

또 산과 들에 가보면 우리의 토종 들꽃인 뽀리뱅이, 괴불주머니, 해오리비난초, 쥐꼬리망초, 여우구슬들이 이름만큼이나 그 순수한 아름다움을 자랑한다. 특히 가을철에 흔히 보는 꽃 코스모스의 토박이말 이름은 '살사리꽃'이다. 또 무나 배추 따위의 줄기에 피는 꽃은 '장다리꽃'인데 씨를 받으려고 장다리꽃이 피도록 가꾼 무나 배추를 '장다리무', '장다리배추'라고 한다. 이 장다리무나 장다리배추는 꽃을 피우고 씨앗을 여물게 하려고 모든 양분을 소모하는데 그러다 보면 뿌리에는 바람이 들고 잎사귀는 노랗게 시들어 죽는다. 자식에게 일생 통해 사랑을 쏟아 붓는 부모의 삶을 떠올리게 한다.

2) 봄에는 산모퉁이에서 마파람이 분다

여름날 더위가 극성일 때 시원한 바람 한 줄기는 정말 고맙기까지 하다. 이 바람이 불어오는 방향에 따라 붙인 이름을 보면 '샛바람(동풍)', '하늬바람(서풍)', '맞바람(마파람:남풍)', '높바람(뒷바람:북풍)' 따위가 있다. 아직도 뱃사람들은 이 토박이말로 바람을 이른다.

그밖에 바람이 부는 방향에 따른 이름은 북동풍을 말하는 '높새바람', 북풍을 이르는 '된바람'과 '뒤바람', 북쪽에서 부는 큰바람인 '댑바람', 북서풍을 말하는 '마칼바람', 서풍을 이르는 '가수알바람', 동남풍을 이르는 '간새'와 '사마' 그리고 '든바람', 서풍이나 서남풍을 말하는 '갈바람', 동풍을 이르는 '동부새'도 있다.

계절에 따라 부는 바람 이름도 살펴보자. 우선 이른 봄에 부는 찬바람인 '꽃샘바람', '살바람', '소소리바람'과 솔솔 부는 봄바람인 '실바람', 보드랍고 화창한 '명지바람'이 있고, 초여름에 오면 모낼 무렵 오랫동안 부는 아침 동풍과 저녁 북서풍인 '피죽바람'이 있다. 또 가을이 되면 초가을 남쪽에서 불러오는 시원한 '건들마', 초가을에 부는 동풍 '강쇠바람'과 '색바람', 가을에 부는 신선한 '막새바람', 서리 내린 아침에 부는 '서릿바람'이 있으며, 겨울엔 문틈 사이로 부는 매우 춥게 느껴지는 '황소바람', 살을 에는 듯 독하게 부는 몹시 찬 '고추바람'이 있다. 또, 뒤에서 불어온다는 뜻의 '꽁무니바람'도 재미나다.

바람은 국제적으로 통용되는 바람의 세기(보퍼트 13 등급)가 있는데, 기상청은 이 등급에 맞춰 우리말 이름을 붙여 놓았다. 연기가 똑바로 올라가 바람이 거의 없는 상태(풍속 초당 0~0.2m)는 '고요', 풍향계에는 기록되지 않지만 연기가 날리는 모양으로 보아 알 수 있는 '실바람(0.3~1.5m)'부터 시작하여 '남실바람', '들바람', '건들바람', '된바람', '센바람', '큰바람', '큰센바람', '노대바람', '왕바람'이 있으며, 지상 10m 높이의 풍속이 초속 32.7m 이상으로 육지의 모든 것을 쓸어갈 만큼 피해가 아주 격심한 것을 '싹쓸바람'이라 한다.

3) 여름에는 잠비, 가을에는 떡비

또 여름에는 한바탕 소나기가 내리거나 비가 갠 뒤에 바람이 불고 시원해지는 '버거스렁이'를 기다린다. 하지만, 폭우 곧 '무더기비'는 되지 말아야 한다. '호우(豪雨)'는 일본 한자 말이다. 봄에는 '가랑비', '보슬비', '이슬비'가 오고, 여름에 비가 내리면 일을 못하고 잠만 잔다는 '잠비', 가을에 비가 내리면 떡을 해먹는다고 '떡비', 겨우 먼지나 날리지 않을 정도로 찔끔 내리는 '먼지잼', 모종하기에 알맞게 오는 '모종비'가 있다. 여기에 모낼 무렵에 한목 오는 '목비', 비가 오기 시작할 때 떨어지는 '비꽃', 볕이 난 날 잠깐 뿌리는 '여우비', 아직 비가 올 기미는 있지만 한창 내리다 잠깐 그친 '웃비' 따위가 있다. 그리고 세차게 내리는 비는 '달구비', '무더기비'(폭우, 집중호우), '자드락비', '채찍비', '날비', '발비', '억수' 따위의 비들이 있다.

4) 비를 머금은 거먹구름, 가을 하늘엔 새털구름

가을 하늘 아득히 높은 곳에 '새털구름'이 있다. 그런가 하면 높은 하늘에 생겨서 햇무리나 달무리를 이루는 '위턱구름'도 있고, 또 여러 가지 빛을 띤 아름다운 '꽃구름', 외따로 떨어져 산봉우리 꼭대기에 걸린 삿갓모양의 '삿갓구름', 바람에 밀려나가는 '열구름', 밑은 평평하고 꼭대기는 둥글어서 솜뭉치처럼 뭉실뭉실한 '뭉게구름'도 보인다. 물고기 비늘 모양으로 하늘 높이 열을 지어 널리 퍼져 있는 '비늘구름', 실 모양의 '실구름' 따위도 있으며, 또 비를 머금은 '거먹구름'과 '매지구름', 한 떼의 비구름은 '비무리', 비행기나 산꼭대기 등 높은 곳에서 보이는, 눈 아래에 넓게 깔린 '구름바다', 길게 퍼져 있거나 뻗어있는 구름 덩어리인 '구름발' 등도 있다. 구름은 아니지만 골짜기에 끼는 '골안개', 산 중턱을 에둘러 싼 '허리안개'도 볼 수 있다.

5) 도둑눈, 떡눈, 숫눈을 아시나요?

한겨울에는 눈과 함께 찬바람이 몰아치는 '눈설레'가 있고, 몰아치는 바람에 흩날리는 눈발, 곧 '눈보라'가 있으며 소나기와 대비되는 폭설은 '소나기눈'이라고 한다. 그런가 하면 밤사이에 몰래 내린 눈은 '도둑눈', 조금씩 잘게 부서져 내리는 눈은 '가랑비'처럼 '가랑눈', 거의 한 길이나 될 만큼 엄청나게 많이 쌓인 눈은 '길눈', 물기를 머금어 척척 들러붙는 눈송이는 '떡눈'이다. 또 얇게 내리는 눈은 '실눈', 눈이 와서 덮이고 나서 아직 아무도 지나지 않은 상태의 눈은 숫총각, 숫처녀처럼 '숫눈', 발자국이 겨우 날만큼 조금 온 눈은 '자국눈', 초겨울에 들어서 약간 내린 눈은 '풋눈'이라고 한다. 눈도 비에 못지않게 아름다운 이름이 많다.

6) 도랑이 개울·시내·내·가람을 지나 바다로 간다

하늘에서 비가 내리면 이 빗방울들이 어떻게 모여 바다로 갈까? 이 과정을 토박이말로 이어가 보자. 맨 먼저 이 빗방울이 모여 폭이 좁은 작은 도랑이 되고, 도랑이 커지면 골짜기에서 흘러내리는 작은 물줄기 곧 개울이 된다.

그 개울이 모이면 골짜기에서 흘러내리는 작은 물줄기란 뜻의 시내가 되고, 시내가 모여 내가 되며, 내가 모이면 다시 가람으로 흘러간다. 가람은 원래 강의 토박이말인데 이제 토박이말은 사라지고 한자말 강만 남았다. 이 가람이 모여 모여서 바다로 간다.

바다는 다시 바닷가에 가까운 든바다가 있고, 뭍에서 멀리 떨어진 난바다가 있다. 하지만, 강처럼 든바다·난바다는 잊히고 근해·원양만 남았다. 바다에는 파도가 일 때 하얗게 부서지는 물보라 곧 메밀꽃이 있고, 바람이 세게 부는 날은 크고 사나운 물결이 넘실거리며 너울이 친다.

▲ 비가 내리면 도랑을 지나 개울-시내-가람을 거쳐 바다로 간다.

7) 아름다운 길 이름들, 에움길·거닢길·굽돌이길

우리 토박이말에는 아름다운 길 이름들도 있다. 늘어선 집들의 뒤쪽으로 난 길로 마을 앞 '큰길'에 상대되는 '뒤안길', 차나 사람이 많이 다니는 큰 길은 '한길', 나지막한 산기슭에 경사지게 있는 좁은 길은 '자드락길' 같은 말은 지금은 잊혔지만 예전에 많이 쓰던 아름다운 말이다. 이밖에 정겨운 말들로 우회로는 '에움길', 등처럼 굽은 길은 '등굽잇길', 본디 길이 없던 곳인데 많은 사람이 지나가 한 갈래로 난

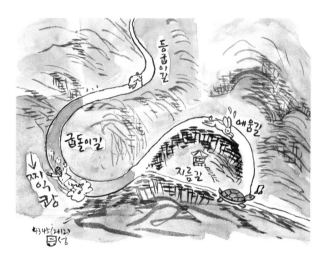

▲ 아름다운 길 이름들, 등굽이길 · 굽돌이길 · 에움길 · 지름길

길은 '통길', 산책로는 '거닒길'이라고 하며, 강이나 냇가에 돌이 많이 깔린 길은 '서덜길', 미로(迷路)는 '홀림길', 풀이 무성하게 난 길은 '푸서릿길'이라고 한다.

흔히 관공서에서 마을 안에 나있는 길을 '이면도로(裏面道路)'라고

억지 한자말을 만들어 쓰는 데 원래 있던 토박이말 '속길'을 살려 쓰고, 외래어와 우리말을 합친 커브길은 '굽돌이길'로 쓰면 좋을 일이다.

< 사람 관계에 쓰이는 토박이말 >

8) 부부 대신 가시버시를 쓰면 좋다

정식으로 결혼을 하지 않고 우연히 만나서 어울려 사는 남녀 곧, 동거하는 남녀를 '뜨게부부'라고 하는데 '뜨게'는 '흉내 내어 그와 똑같게 하다'라는 뜻이다. 따라서 '뜨게부부'는 '가시버시'가 아니다. '가시버시'는 부부를 낮추어 부르는 말인데 결혼 청첩장에서 '저희는 부부가…'라는 말을 쓰기보다는 '저희는 가시버시가…'라는 말을 쓰면 더 멋지지 않을까?

9) 너나들이보다는 옴살이 더 가까운 사이

사람관계를 이르는 말로 '남진아비', '풋낯', '자치동갑', '너나들이', '옴살' 따위가 있다. '남진아비'와 '핫아비'는 '유부남', '남진어미'와 '핫어미'는 '유부녀'를 말한다. 핫아비·핫어미는 홀아비·홀어미의 반대이다. '풋낯'은 서로 겨우 낯을 아는 정도의 사이이고, '자치동갑'은 나이 차가 조금 나지만 서로 친구처럼 지내는 사이를 뜻하는데 비슷한 말로는 '너나들이'가 있다. 한국에서는 '객지 벗 십 년'이란 말이 있는데 나이가 십 년 차이 나도 벗으로 지낼 수 있다는 뜻인데 바로 '자치동갑'이나 '너나들이'가 아닐까? 또 '옴살'은 마치 한 몸같이 친하고 가까운 사이를 뜻하는 말이다.

10) 말과 행동이 싱거운 사람 고드름장아찌

'고드름장아찌'라는 말도 있는데 말과 행동이 싱거운 사람이다. 장 아찌는 간장에 절이거나 담근 것인데 고드름을 간장에 절였다는 것으로 비유하여 맹물 같은 사람을 가리키는 것이다. 그런가 하면 '검정새 치'는 새치이면서 마치 검은 머리카락인 척하는 것처럼 같은 편인 체 하면서 남의 염탐꾼 노릇을 하는 사람 곧 간첩을 말한다. 또 '윤똑똑 이'란 말이 있는데 음력의 윤달처럼 가짜로 만들어진 것을 빗댄 것으로 저 혼자만 잘난 체하는 사람을 낮춰서 이르는 말이다. '치마양반'도 있는데 이는 출신이나 능력이 별로인 남자가 지체 높은 집안과 혼인하여 덩달아 행세하는 사람이고, 거리낌 없이 상말을 마구 하는 입이 더러운 사람은 '사복개천'이라고 한다. 사복개천은 조선시대 궁중의 가마나 말에 관한 일을 하던 사복시(司僕寺)란 관청이 있었는데 그 옆을 지나는 개천이 말똥 따위로 매우 더러웠던 데서 생긴 말로 상말을 해서 입이 더러운 사람을 뜻하는 말이다.

11) 내가 주위에 솔개그늘이 되면 좋을 일

또 토박이말에는 '껄떡쇠'가 있는데 이는 '먹을 것을 몹시 탐하는 사람'이다. 또 잔소리를 귀찮게 늘어놓는 사람이나 바가지를 자주 긁어대는 여자는 '긁쟁이'이고, 근심거리가 되는 일 또는 사람을 '근심가마리'로 부른다. 요즘 나라에는 권세 있는 사람의 주위에서 총기를 어지럽히는 사람이 많은데 그를 '해가림'으로 불러주면 좋겠다. 이런 사람은 더불어 사는 세상에 근심가마리이다. 세상에는 '말살에 쇠살'도 있다. '말살에 쇠살'은 푸줏간에 고기를 사러 갔는데 벌건 말고기를 쇠고기라고 내놓는다. 누가 보아도 가짜여서 따지면 주인은 쇠고기라고 벅벅 우긴다. 번연히 사실이 아닌 것을 사실이라고 우기거나, 논리적으로 맞지 않는 말을 할 때 쓰는 말이다.

또 '솔개그늘'이라는 말은 솔개가 날 때 땅에 생기는 작은 그림자처럼 아주 작게 지는 구름의 그늘을 말한다. 뙤약볕이 내리쬐는 여름날, 들판에서 땀을 뻘뻘 흘리며, 일을 하다 보면 솔개그늘이라도 정말 고마운 것이다. 생색나는 일만 하려 들지 말고 뭔가 남에게 도움이 되는 일을 내가 먼저 해보는 나부터 남에게 솔개그늘이 되어보면 어떨까?

▲ 여름날 논에서 일하는 농부는 작은 솔개그늘이 고맙다.

12) 밥의 등급(?), 수라·진지·밥·입시·젯메

　토박이말로 보면 밥에도 등급이 있다. 임금이 밥을 드시면 '수라', 어른이 드시면 '진지', 보통 사람이 먹으면 '밥', 하인이 먹으면 '입시'이고, 죽은 사람에게 제사지내는 밥은 '젯메'라고 했다. 밥도 수라가 되면 영광스럽고, 입시가 되면 천해질까? 예전 농부들은 그릇 위까지 수북이 담은 '감투밥'을 먹었는데 고봉밥이라고도 한다. 하인이나 가난한 사람들은 소금으로 반찬을 차린 '소금엣밥', 국이나 반찬도 없이 강다짐으로 먹는 '강밥' 또는 '매나니'를 먹는다. 물론 그들은 강밥이나 매나니와 함께 남이 먹다 남긴 '대궁밥'도 먹을 수밖에 없다. 그런가 하면 세상에는 마땅한 값을 치르지 않거나 당연히 할 일을 하지 않고 '공밥'을 먹는 사람도 있다. 그밖에 논밭에서 김을 맬 때 집에서 가져다주는 '기승밥', 일부러 한쪽은 질게 한쪽은 되게 지은 '언덕밥', 찬밥에 물을 부어 다시 지은 '되지기', 밑에는 다른 밥을 담고, 위에는 쌀밥을 담은 '고깔밥', 밑에는 접시 같은 것을 깔고 많이 보이게 담은 '뚜껑밥'도 있다. 속에 반찬감을 넣어 손에 들고 먹을 수 있게 쐐기를 지은 '쐐기밥'도 있는데 김밥이나 햄버거가 바로 '쐐기밥'의 하나가 아닐까?

제4장
속살까지 뒤집어 보는
재미있는 한양 풍속

1

종로 거리에서
보쌈당한 선비 이야기

조선 광해조 때 문인 유몽인이 지은 ≪어유야담≫에는 과거를 보러 서울에 왔다 괴기한 일을 겪은 선비 이야기가 있다. 인적이 끊긴 종가(현재의 종로)에서 장정 네 명에게 보쌈을 당한 일이다. 어딘지도 모르게 끌려가 예쁜 여인과 동침할 수밖에 없었던 선비는 그 여인을 잊을 수가 없어 다시 과거를 보러 한양에 왔다가 밤마다 그 종가를 서성였으나 그 장정들을 또 만날 수는 없었다.

조선시대 때는 과부가 된 여인은 죽을 때까지 개가를 못한다는 법이 있어 이런 일도 벌어질 수가 있었던 것이다. 그래서 연산군 4년(1498년) 송헌동이라는 사람이 이 법을 폐하고 개가를 허락해달라고 임금께 청하였지만 대다수 대신이 반대해 뜻을 이루지 못했다. "보쌈"에는 여자집에서 외간남자를 보(褓)에 싸서 잡아다가 강제로 동침시키는 경우와, 남자가 과부를 보에 싸서 데려오는 "과부 업어가기"가 있었다.

▲ 조선시대에는 과부가 개가할 수 없어서 보쌈이라는 풍속이 있었다.

2

옛 추억이 서린
종로 피맛골

조선시대는 양반과 상민이 분명히 구분되던 시대였다. 그래서 상민들은 종로에서 높은 벼슬아치를 만나면 가던 길을 멈추고 바닥에 납작 엎드려 그들이 지나가길 기다려야 했다. 그러자니 오죽 힘들었을까? 그래서 그들이 꾀를 낸 것은 종로 양쪽에 나 있는 좁은 골목길로 피해 다니는 것이었다. 이는 곧 높은 벼슬아치의 말을 피해 다닌 꼴이 되었기에 '피마(避馬)'라는 뜻으로 "피맛골"이 된 것이다.

피맛골은 '서민들의 지름길'로 이용된 까닭에 자연스레 엽전 몇 닢으로 끼니를 해결할 수 있는 국밥집과 선술집, 목로술집 등이 많았다. 또 몰락한 양반들이 먹고살려고 국밥을 팔았는데 양반 체면 때문에 얼굴은 돌리고 팔뚝만 뻗어 손님에게 밥그릇을 건넸다고 해 '팔뚝거리'라는 별명도 붙었다. 특히 80년 민주화 항쟁이 절정이었던 무렵에는 거리시위 때 사람들이 최루탄과 백골단을 피해 이곳으로 숨어들 었고 막걸리로 분을 삭이던 애환이 서려 있어 '피연(避煙)골'이라고도 불렀다. 옛 추억이 서린 피맛골을 기억하는 사람이 많이 있을 것이다.

▲ 백성이 높은 벼슬아치를 피해 다녔던 피맛골

3

동대문 밖 청백리집
우산각을 아시나요?

"일산(日傘)이 없는 집에서는 장마철을 어떻게 견디어 내나?" 이 말은 조선조 청백리로 소문난 유관(柳寬) 선생이 집안에 비가 새자 아내에게 건넨 말이다. 유관선생이 과거 급제 때 임금께 받은 일산을 비가 새는 방안에서 펼친 모습이 그려진다. 유관선생은 고려 말·조선 초 문신으로 조선의 개국공신이 되어 대사성, 대사헌 등을 지낸 분이다. 그런 그가 성 밖 후미진 곳에 돌담은커녕 나무 울타리도 없고 물론 대문도 없는 두어 칸 오두막집에 살면서 나갈 때면 말을 타지 않고 짚신에 지팡이를 짚고 나갔다가 집에 돌아오면 맨발에 베옷을 걸치고 남새밭(채소밭)을 가꿨다.

이렇게 청빈하게 살았던 유관이 살던 집을 뒷날 사람들은 "우산각(雨傘閣)"이라 불렀다. 이 집터는 5대손인 〈지봉유설〉의 이수광이 이어 살았는데 그 역시 우산을 펴 근근이 비를 가렸다는 뜻으로 "비우당(庇雨堂)"이란 이름이 붙었다.

원래 비우당이 있던 집터는 현재 창신쌍용아파트 2단지 자리로 지금은 그 옆에 자그마한 초가집으로 복원해두었다. 복원해둔 집터는 수양대군(세조)에게 쫓겨난 단종의 비 정순왕후(定順王后) 송(宋) 씨가 폐위된 뒤 비단을 빨면 자줏빛 물이 들었다는 전설의 샘인 자주동샘(紫芝洞泉)이 있는 곳인데 지금은 물이 말라있었다.

종로구 창신동 한성대학교 뒤편 창신쌍용아파트 2단지 옆에 있는 이곳을 지나갈 때마다 유관 어른이 생각나는 것은 그분이 높은 관직을 살았기 때문이 아니라 청빈한 삶을 몸소 실천한 분이셨기 때문이다. 2012년 10월 25일 현재 비우당은 보수 중으로 "조금 늦더라도 제대로 고치겠습니다."란 안내문이 붙어있다. 완료예정일 2013년 1월 13일.

▲ 한성대 뒷편 창신쌍용아파트 2단지 옆에 복원한 비우당
비우당 뒤 오른쪽에는 단종 비 정순왕후 송 씨의 자주동샘이 있다.

4

남자의 질투,
여자를 죽여 청계천에 버리다

성종실록 216권, 19년(1488) 5월 20일 자에는 "한성부 참군(漢城府
參軍) 박한주가 와서 아뢰기를, 수구문 밖 왕심리(往心里)에 여자의 시
체를 내버린 것이 있는데, 상처가 많으므로 이를 검시하도록 하였습니
다. 청컨대, 추국(推鞫)하게 하소서."라는 기록이 보인다.

이곳은 지금의 청계천으로 이곳에 상처가 많은 20살 정도의 여자 시
체가 발견되었는데 상처가 심했다. 어느 정도냐 하면 다리 한쪽이 잘
려나갔고, 음문은 살이 찢긴 참혹한 모습이었다. 이에 사건이 심각하
다고 생각한 성종은 당장 당상관을 불러 추국할 것을 명했다. 내용을
확인해보니 범인은 양반집 주인으로 자신이 데리고 놀던 예쁜 종이 이
후 다른 노비와 동침하는 것을 보고 질투가 나서 죽여서 노비를 시켜
내다버렸다는 것이다. 예전 말에 "여자의 질투는 오뉴월의 서리를 불

러온다." 더니 이건 여자의 질투보다 더 무서운 남자의 질투다. 하지만,
조사해서 죄가 드러났어도 양반이란 신분 덕에 모든 신하들이 나서서
두둔했고 그 때문에 벌을 제대로 주지 못했다. 잘못된 양반사회의 한
일그러진 모습이 씁쓸하다.

5
삼청동 고갯길 '맹현', 맹사성이 다니던 길

경복궁 동문에서 삼청동 쪽으로 가다가 오른쪽, 정독도서관 가는 길은 예전에 고갯길이 있었는데, 고개 이름이 '맹현(孟峴)'이었다. 그것은 이곳에 조선 세종 때 명재상 맹사성(孟思誠)이 살았기 때문인데 그는 아랫사람에게는 자상하면서 엄하지 않았고 예의와 체면에 얽매이지 않았다. 또 집에 사람이 찾아오면 반드시 관복을 입고 대문 밖에까지 나가 맞아들여 윗자리에 앉히고 돌아갈 때도 역시 공손하게 배웅하여 손님이 말을 탄 뒤에야 집안으로 들어왔다. 그 맹사성에 관한 일화는 참 많다.

맹사성은 세종 13년(1431년), 좌의정이면서 국사편찬위원장 격으로 《태종실록》의 편찬을 마치고 아버지의 묘에 성묘하러 서울을 떠난다. 그때 지금의 안성 쪽에 있는 양성 고을 현감과 평택의 진위 현감이

맹정승의 고향나들이 소식을 듣고는, 잘 보이려고 온양 가는 길목인 장호원 근처 연못에서 기다렸다. 그런데 두 현감이 맹사성을 기다리다 서로 권커니 자커니 술을 마셔 꽤나 취한 상태가 되었을 때 어느 늙은이가 검은 소를 타고 그 앞을 지나갔다.

  양성현감이 큰소리로 "감히 뉘 앞이라고 늙은이가 검은 소를 타고 거들먹거리며 지나가느냐?"라고 호통 치며 냉큼 가서 데리고 오라고 하인에게 말했다. 그러자 그 늙은이는 "온양 사는 맹고불이 제 소 타고 제 길 가는데 누가 바쁜 사람 오라 가라 하느냐?"라고 대꾸하며 그냥 지나갔다. 그러자 하인은 맹고불을 맹꼬불로 알고 현감에게 아뢰자 "거 이름 한번 괴짜다."하며 박장대소로 웃어댔다. 그러다가 나중에야 알아차리고 사죄하려고 술에 취한 채 비틀거리며 일어나다가 허리에 찬 도장(官印)을 연못에 빠뜨렸다. 그래서 훗날 연못 이름을 〈인침연(印沈淵)〉이라 했다는데 마음가짐이 반듯하지 못한 사람은 윗사람에게 잘 보이기는커녕 망신살이나 면해도 다행이겠다.

▲ 세종 때 명재상 맹사성, 그는 소를 타고 다닌 사람으로 유명하다.

6
종로 관훈동 '죽동궁'의 귀신굿은 명온공주 남편과 유래

임금의 사위 곧 공주의 남편을 부마라고 한다. 조선 후기 세도가 안동 김씨 문중의 김현근(金賢根)은 조선 제23대 순조임금의 첫째 공주 명온공주(明溫公主)와 혼인해서 부마가 되었다. 그러나 불행하게도 부마 김현근이 심한 정신병으로 발작을 해 집안은 물론 동네를 온통 소란하게 만들어 부마의 체면이 깎였다. 그래서 왕실과 김씨 문중에서는 김현근의 정신병을 치료하려고 노력했으나 백약이 무효였다.

하는 수없이 마지막으로 무당을 불러 굿을 하며 경악법(驚愕法)으로 치료하려고 했다. 경악법이란 딸꾹질을 할 때, 깜짝 놀라게 하여 딸꾹질을 멈추게 하는 것처럼 환자를 매우 놀라게 하여 환자의 몸속에 있는 악귀를 쫓아낸다는 치료법이다. 밤이면, 김현근을 마당 한가운데 앉혀놓고 무당이 대나무 큰칼을 만들어 양손에 들고 요란한 가락에 따라 춤을 추면서 환자의 둘레를 빙빙 돌았다. 그러다 환자가 잠깐 졸거나 다른 곳에 신경을 쓰는 틈을 타서 가지고 있던 죽도로 목을 치는 시늉을 하면 환자가 크게 놀라고 그 덕분에 몸에 붙은 악귀를 쫓아낼 수 있다고 생각한 것이다.

그래서 이 집에서는 매일 죽도를 들고 춤을 추는 소리와 죽도가 부딪치는 소리가 담 밖까지 들려 나와 그 뒤로부터 동네 사람들이 이 집을 '죽도를 들고 춤을 추는 궁'이라는 뜻으로 "죽도궁(竹刀宮)"이라 불렀다. 죽도궁은 뒷날 죽동궁으로 바뀌었다가 민영익이 살았다 해서 "민대감댁"으로 바뀌었으나 지금 이 집은 헐리고 없다. 다만, 지금은 태화빌딩 앞 길 건너 관훈빌딩 앞에 작은 안내문이 붙어 있어 한 시대의 사연 있는 집터였음을 알릴뿐이다.

▲ 순조임금의 부마를 치료하기 위해 죽도를 들고 춤을 췄다는 죽동궁터 표지석

7
단종비 정순왕후의
정업원과 금남시장(禁男市場)

순조임금 때 펴낸 ≪한경지략≫이란 책에 보면 동대문 밖 "동묘"의 남서쪽에는 한양에서 가장 큰 푸성귀(채소)시장이 있었다. 그런데 이 시장은 남자들이 드나들 수 없었던 금남구역이었다. 그 까닭이 무엇일까?

그곳에서 가까운 곳에는 단종비인 정순왕후 송 씨가 단종이 죽고 과부가 된 뒤 초막을 짓고 살았던 "정업원(淨業院)"이 있었다. 이후 세조는 정순왕후가 동냥으로 끼니를 잇는다는 소문이 돌자 그 근처에 영빈정이란 집을 짓고 살게 했지만 정순왕후는 영빈정에 들어가기를 거절했다. 또 조정에서 식량을 주어도 완강히 거부하고, 말년에는 베에다 자줏물 들이는 염색을 하면서 겨우 목숨을 부지했다. 그래서 이 근처 마을을 자줏골이라고 불렀는데 장안 부녀자들이 정순왕후를 도우려고 앞 다투어 몰려들었다. 그런데 조정에서 이를 금하자 시장을 만들

고 장사하는 척하면서 정순왕후의 생계를 도왔으며 혹시 조정에 밀고
할까 봐 남자들은 일절 출입을 금하였다.

▲ 동대문 밖 채소시장은 금남구역, 정업원의 단종비를 돕는 곳

8

성균관 선비와 종의 딸 사랑이 서린 곳, 정고개

　지금은 없어졌지만 명륜동 성균관 정문에서 성균관을 안고 부엉바위 쪽으로 올라가는 가파른 샛길이 있었는데 그 이름이 "정(情)고개"였다. 그리고 그 고개 너머 마을 이름이 "정(情)골"이었다고 한다. 그런데 그 "정고개"는 "셰익스피어의 ≪로미오와 줄리엣≫ 그리고 리처드슨의 대하소설 ≪파미라≫를 복합해놓은 듯한 사랑의 무대"라고 말하는 이도 있다.

　그것은 신분차별이 엄격했던 조선시대에 은행나무 사랑을 속삭였던 불행한 젊은 남녀의 사랑 얘기가 서렸기 때문이었다. 조선 제7대 세조 임금의 외딸 의숙공주의 종에게 예쁜 딸이 하나 있었는데 성균관에서 과거를 준비하던 선비 안윤이 그 종의 딸을 사모하게 되었다. 그런데 안윤이 그 종의 딸에게 한 몸이 되기를 요구했지만 그 종의 딸은 한 몸이 되기를 거부하고 정신적인 사랑만 이어갔다. 그렇게 한 까닭은 만약 양반이 종과 결혼하게 되면 양반은 사회에서 소외당하고 종의 상전에게도 누가 되기 때문이다.

그런데 그 둘이 동거한다는 헛소문이 퍼졌고 이에 가문의 명예를 더럽혔다고 상전은 종에게 "가문형(家門刑)"을 내렸다. 가문형은 스스로 자결하도록 하는 것이지만 사실은 타살인데 목을 매 죽이거나, 치마에 돌을 안겨 깊은 연못 속에 빠뜨리거나, 얼굴에다 물을 적신 창호지를 발라 서서히 질식사를 시키는 것이었다. 결국, 이 종은 억울하게 가문형으로 죽었고, 안윤도 그 처자를 그리며 고갯길을 오르내리다 실성하여 죽었다. 이에 사람들은 그 가없은 연인들의 비극에 공감하여 고개 이름을 "정고개"라고 붙여준 것이다. 조선 중기의 학자 이륙은 이 이야기에 "옛 열녀들이 이보다 더할까 보냐?"라고 글을 써서 칭찬했다. 신분질서에 희생당한 연인들의 가슴 아픈 이야기다.

9

재산 대신 복첩을 물려주었던
종로 육의전 상인들

　조선시대 종로에는 독점적 상업권을 부여받고 나라에서 필요한 물건을 대주던 여섯 종류의 큰 상점 곧 육의전(六矣廛)이 있었다. 이 육의전 가게들에는 복첩이란 것이 있었는데 이는 단골손님의 이름을 적은 수첩이다. 그래서 복첩이 두꺼우면 두꺼울수록 단골손님은 많은 것이고, 그것이 그 가게의 규모를 가늠하는 것이었다. 이 복첩은 조상의 위패와 나란히 모실 정도였으며 그 단골손님 가운데는 3대에서 7대까지 내려오는 단골손님인 경우가 허다했다.

　이 육의전 가게들은 아버지가 늙으면 자식에게 재산이 아닌 복첩을 물려주었다. 육의전에 제사가 있는 날 아이들이 느티나무가지에 매달려 가지 끝으로 옮겨가게 했다. 바지가 벗겨지더라도 손을 놓을 수는 없는데 이를 "복가지타기"라고 했으며, 그처럼 단골을 잡으면 어떻게

든 놓지 말라는 신용교육을 그들은 했던 것이다.

▲ 조선시대 육의전 상인들의 신용교육, 복가지타기

10

조선시대 탐관오리를 공개처형했던
종로 혜정교

서울 광화문우체국 북쪽에 혜정교(惠政橋)라는 다리가 있었다. 세종 16년(1434) 10월 2일자에 보면 오목해시계인 앙부일구(仰釜日晷)를 처음으로 혜정교와 종묘(宗廟) 앞길에 설치하여 백성으로 하여금 보고 시각을 알게 하였다. 그런데 이 다리 위에서는 부정부패를 저지른 탐관오리를 벌주는 팽형 곧 끓는 가마솥 속에 죄인을 담아 삶는 공개처형을 하기도 했다.

이 팽형 절차를 보면 혜정교 한 가운데에 임시로 높다란 부뚜막을 만들고, 사람이 들어갈 수 있을만한 큰 가마솥을 걸었다. 솥에는 물을 붓고 아궁이에는 불을 땔 수 있도록 장작을 넣는다. 그 앞쪽에 천막을 치고, 포도대장이 앉으면 팽형이 시작된다. 그러나 진짜 팽형을 하는 건 아니고 죄인을 가마솥에 담고 솥뚜껑을 닫은 다음 구령에 따라 장

작불을 지피는 시늉만 하고 실제로 불을 붙이지는 않았다.

 하지만, 솥 속에 든 죄인은 그 순간부터 삶아져서 주검(시체)처럼 시늉을 해야 했다. 그런 다음 꺼낸 "살아있는 주검"을 식구들에게 넘기면 식구들은 미리 준비해간 칠성판에 이 "살아있는 주검"을 뉘여 집으로 데리고 가 격식대로 장례를 치른다. 이렇게 장례가 끝나면 호적이나 족보에 죽은 사람으로 오르는 것이다. 물론 먹고사는 일은 할 수 있고 아이도 낳을 수 있지만 "살아있는 주검"의 아이는 태어나도 아비 없는 사생아가 되었다. 요샛말로 생매장시키는 셈이다. 살아있으되 산 사람이 아닌 팽형은 부정부패를 저지른 탐관오리에게는 죽음과 같은 벌이라는 경고성 형벌이며 이로써 부정부패의 근원을 뿌리 뽑으려는 효과를 노린 벌이었다. 요즈음 탐관오리보다 더한 사람들한테도 솜방망이 벌을 내려 국민을 실망시키는 것에 견주면 조선시대 형벌은 상당히 의미가 있었다. 탐관오리가 날뛰는 세상이다 보니 혜정교의 팽형이 다시 떠오른다.

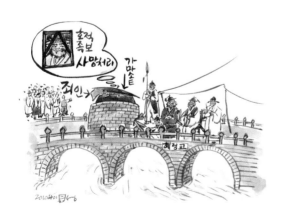

◀ 조선시대,
  혜정교에선
  탐관오리를
  팽형으로
  공개처형했다.

제5장
한양의
역사적인 공간

1
임금이 하늘에 제사 드리던
환구단터

* 서울 중구 소공동 87-1 (사적 제57호)

"임금이 면복(冕服)을 갖추고 환구단(圜丘壇)에 올라 제사를 지내기를 의식대로 하였다. 호천상제위(昊天上帝位)·황지기위(皇地祇位) 및 태조위(太祖位)에는 임금이 친히 삼헌(三獻)을 행하고, 대명위(大明位) 및 풍운뢰우위(風雲雷雨位)에는 세자가 삼헌(三獻)을 행하고, 야명위(夜明位) 및 동남북서해(東南北西海), 악독산천위(岳瀆山川位)에는 영의정 정인지가 삼헌을 행하였는데…." 위는 세조실록 6권, 3년(1457)에 나오는 기록으로 세조가 면복을 갖추고 환구단에 제사를 올렸다는 내용이다.

환구단이 맨 처음 설치되어 제사를 드렸던 것은 고려 성종 2년(983) 정월이었는데 이후 설치와 폐지를 계속 되풀이하다가 세조 2년(1456)

에는 일시적으로 제도화하여 1457년에 환구단을 설치하고 제사를 드리게 되었다. 이후 세조 10년(1464)의 제사를 마지막으로 환구단에서의 제사는 중단되었다. 그러다 환구단이 다시 설치된 것은 고종 34년(1897) 조선이 대한제국이라는 황제국으로 이름을 바꾸고, 고종이 황제로 즉위하면서부터이다.

하지만, 이 터는 1913년 조선의 근거를 없애려던 일제에 의해 철거되고 이듬해 그 자리에 조선호텔이 들어서면서 축소되었으며, 지금은 황궁우와 돌북(석고) 그리고 3개의 아치가 있는 석조 대문만이 보존되어 조선호텔 경내에 남아 있다. 이제 그 흔적은 없어졌지만 우리 겨레의 바탕이랄 수 있는 환구단의 의미는 다시 새겨야 할 일이다.

▲ 일제에 철거되기 이전의 환구단

▲ 현재 조선호텔 옆에 남아있는 황궁우

▲ 조선호텔 경내 황궁우 옆에 있는 돌북(石鼓)

2

제기동 선농단(先農壇)과
설렁탕의 유래

* 서울 동대문구 제기2동 274-1 (시도유형문화재 제15호)

선농단은 농사짓는 법을 인간에게 가르쳤다고 일컬어지는 고대 중국의 제왕인 '신농씨'와 '후직씨'를 모시고 제사를 지내던 곳이다. 선농의 기원은 신라시대까지 올라가는데, 고려시대에 이어 조선시대에도 태조(재위 1392~1398) 이래 역대 임금들은 이곳에서 풍년이 들기를 기원하며 선농제를 올렸다. 선농단 앞에는 밭을 마련하여 제사가 끝나면 왕이 직접 밭을 갈아 농사의 소중함을 알렸는데 이때 나이가 많고 복이 있는 농부를 뽑아 임금을 돕도록 하였다. 이처럼 임금이 직접 밭을 가는 제도는 조선의 마지막 황제인 순종 융희 3년(1909)까지 계속되었는데 행사 때 모여든 많은 사람을 대접하려고 쇠뼈를 곤 국물에 밥을 말아낸 것이 설렁탕의 유래라는 이야기가 있으며, 다른 얘기로는 국물을 오랫동안 '설렁설렁' 끓인 데서 유래했다는 설도 있다.

참고로 설렁탕과 곰탕은 뼈를 고아서 육수를 만드는 음식이고, 꼬리
곰탕과 도가니탕은 사골국물에 꼬리를 넣고 우려낸 것이며, 갈비탕은
뼈를 우려낸 맑은 국물로 만든 탕을 말한다.

▲ 해마다 선농단에서 지내는 선농대제 모습(사진 이백수)

"시험으로 먹어 본다는 것이 한 그릇 두 그릇 먹기 시작을 하면 누구
나 자미를 드려서 집에 갈 로자 돈이나 자긔 마누라의 치마감 사줄 돈
이라도 안이 사먹고는 견듸지 못할 것이다. 갑이 눅은 것도 눅은 것이
어니와 맛으로던지 영양으로던지 상당한 가치가 잇는 것이다. 자래(自
來)로 서울의 폐병(肺病)쟁이와 중병 알코 난 사람들이 이것을 먹고 소
복(蘇復, 원기 회복)하는 것은 물론이고 근래(近來)에 소위 신식결혼을
하얏다는 하이카라 청년들도 이 설넝탕이 안이면 조석(朝夕)을 굴물
지경이다." 위는 일제강점기의 잡지 ≪별건곤≫ 제23호(1929년 발행)
"경성명물집(京城名物集)"에 나오는 설렁탕이야기이다. 일제강점기 때
서울에서 설렁탕이 큰 인기를 얻고 있었음을 말해주는 기사이다.

3

궁중의례 친잠례와
누에신에게 제사지내던 선잠단터

* 서울 성북구 성북동 64-1 (사적 제83호)

조선시대는 농업의 나라였다. 그래서 임금은 해마다 경칩(驚蟄) 뒤의
첫 번째 돼지날[亥日]에 제사를 지낸 뒤 왕이 친히 쟁기를 잡고 밭을
갈아 보임으로써 농사의 소중함을 만백성에게 알리는 의식을 행하였
다. 그런가 하면 왕비는 친히 궁궐 안팎 여성들을 거느리고 양잠의 본
을 보여 비단 생산에 힘썼던 궁중의례인 "친잠례(親蠶禮)"를 했다.

세종은 양잠을 크게 장려하여 각 지방에 적당한 땅을 골라 뽕나무를
심도록 한 것은 물론, 한 곳 이상의 잠실(蠶室, 누에 치는 방)을 지어
누에를 키우게 하였다. 1506년(중종 1)에는 지방의 잠실을 서울 근교
로 모이게 했는데 현재의 송파구 잠실동 일대는 그런 잠실이 있던 지역
이다. 대한제국 말기까지 이 일대에는 나이가 300~400살이나 되는

뽕나무가 있었다.

또 1471년(성종 2)에는 뽕나무가 잘 크고 살찐 고치로 좋은 실을 얻게 하여 달라는 기원을 드리려고 동소문(東小門) 밖에 선잠단(先蠶壇)을 지었는데 단에는 대를 모으고 중국 황제(黃帝)의 왕비인 잠신(蠶神) 서릉씨(西陵氏)의 신위(神位)를 모셨다. 그리고 단의 앞쪽 뜰에 상징적인 뽕나무를 심고 궁중의 잠실에서 키우는 누에를 먹이게 하였다. 1908년에 선잠단의 신위는 선농단(先農壇)의 신위와 함께 사직단으로 옮겨졌고 선잠단터는 일제강점기에 개인 땅이 되었다. 현재는 성북초등학교 옆 길거리에 여러 집에 둘러싸인 조그만 터만 남아 있는데 사적 제83호로 지정되었다. 해마다 5월 이면 이곳에서 선잠제를 재현한다.

4

나라의 위급상황을 알렸던
남산 봉수대

* 서울 중구 예장동 8-1 (시도기념물 제14호)

조선을 건국한 태조는 1394년 도읍을 한양으로 옮긴 후 목멱산(木覓山, 남산)에 봉수대를 설치하였다. 남산 봉수대는 전국의 봉수가 최종적으로 집결되는 중앙 봉수소로서 중요한 위치를 차지하였다. 이 봉수대는 갑오개혁 다음해인 1894년까지 거의 500여 년 동안이나 쓰였는데 봉수대의 이름은 서울에 있다고 하여 경봉수(京燧烽)라고도 하였다. 남산 봉수대는 동쪽에서부터 서쪽으로 5개소가 있던 것으로 알려졌으나 정확한 위치는 알 수 없고 현재 봉수대는 ≪청구도≫ 등 관련 자료를 종합하고 고증하여 현 위치에 1개소를 복원한 것으로 서울시기념물 제14호로 지정되었다.

봉수대는 근대적 통신수단이 발달하기 전까지 세계의 여러 나라에서 중요한 국가적 통신수단으로 사용하였던 제도이다. 변방에서 긴급

한 사태가 발생했을 때 그 사실을 가까운 관아와 해당 지역에 신속하게 알려 위급한 사태에 빨리 대처하도록 하려는 것이었다. 그와 동시에 일정한 거리를 두고 여러 곳에 설치한 봉수대를 이어달리기 식으로 나라에 알리는 역할도 하였다. 우리나라 봉수는 밤에는 불, 낮에는 연기를 이용하였고, 평상시에는 하나, 적이 나타나면 둘, 경계에 접근하면 셋, 경계를 침범하면 넷, 경계에서 적과 아군이 접전 중이면 다섯을 올렸다. 서울시는 남산 봉수대 말고도 무악동 봉수대와 아차산 봉수대를 복원하고 서울특별시 기념물 13호와 15호로 각각 지정하였다.

봉수는 산마루에 설치한 것인데 바닷가에도 같은 목적으로 세운 연대(煙臺)라는 것이 있다.

다만, 연대는 주로 왜구를 막으려 했던 것으로 직접 전투까지 했던 것이 다르다. 숙종 28년(1702)에 이형상 목사가 쓴 제주도 인문지리지 《남환박물》에 제주에 "봉수와 연대가 63곳이 있다."라고 기록되어 있다. 지금은 이 63곳 중 대부분 흔적만 남기고 없어졌는데 아직도 서귀포시 안덕면 "산방연대(山房煙臺)", 서귀포시 남원읍 "벌포연대(伐浦煙臺)", 성산읍 "오소포연대" 등 제주도 자료에는 38개가 남아있다고 한다.

▲ 복원한 남산 봉수대(왼쪽), 제주도 오소포연대(오른쪽)

5

왕비가 셋이나 된 중종이
혼자 묻힌 정릉

* 서울 강남구 삼성동 (사적 제199호)

서울 지하철 2호선 역이름에 선릉역이 있다. 실제는 선릉(宣陵)과 정릉(靖陵)을 합하여 선정릉이지만 선릉으로 더 잘 알려진 곳이다. 선릉엔 조선 제9대 성종과 세 번째 왕비 정현왕후가 묻혀있고 정릉엔 11대 중종이 홀로 묻혀있다. 여기서 궁금한 것은 중종의 무덤이다. 보통 임금은 왕비와 나란히 묻히는데 정릉에는 중종 홀로 잠들어 있다. 왜 중종은 외롭게 홀로일까?

중종은 둘째 왕비 장경왕후와 서삼릉에 묻혀 있었으나 중종의 셋째 왕비 문정황후는 현재의 선릉 자리가 풍수지리상 좋은 땅이라는 이유를 들어 중종 무덤만 옮기게 했는데 그 이면에는 둘째 왕비 장경왕후와 중종이 나란히 묻힌 것을 질투해서였다는 이야기가 있다. 중종을 홀로 옮긴 뒤 자신이 죽으면 함께 묻힐 속셈이었다. 하지만, 지대가 낮은 이곳은 여름철 홍수 때면 한강 물이 재실까지 차올라 다시 땅을 북돋아야 했는데 그때마다 큰 비용을 쏟아 부어야만 했다. 사정이 이리되는 바람에 문정왕후는 자신의 바람대로 중종 옆에 묻힐 수가 없었던 것이다. 그래서 중종은 모두 11명의 부인이 있었으나 결국은 홀로 외롭게 묻히게 되었다.

더욱 안타까운 것은 임진왜란 당시 선릉과 정릉이 왜군에 파헤쳐져 관이 불타는 수모를 겪게 되는데 특히 중종이 묻힌 정릉은 그 훼손이 심해 주검도 남아있지 않았다고 한다. 문정왕후가 풍수를 들먹이며 편안히 잠들어 있던 서삼릉에서 중종을 이곳으로 옮겨 묻지 않았다면 둘째 부인 곁에 고이 잠들어 있을 터인데 하필이면 물구덩이로 옮겨오는 바람에 죽어서도 홀로 외롭게 묻히게 된 것이다.

*정릉(靖陵)은 중종 무덤, 성북구 정릉동의 정릉(貞陵)은 태조의 둘째왕비 신덕왕후 무덤.

6

일제에 맞선 한용운과 한규설의 집에 얽힌 이야기

만해 한용운 그는 3·1만세운동 선언자 33명 중 몇 안 되는 변절하지 않은 지사 가운데 한 분이다. 만해에 관한 일화는 참으로 많은데 그를 회유하려고 조선총독부가 성북동 일대 20만 평의 나라 숲을 넘겨주겠다는 것을 한마디로 거절하고, 총독부의 지시를 받은 청년이 돈 보따리를 들고 오자 뺨을 때려 쫓아 보냈다. 또 최린 등과 함께 3·1운동을 주도했던 그는 감옥에서 일부 민족대표들이 사형당할 것을 두려워하자 "목숨이 그토록 아까우냐?"라며 똥통을 뒤엎기도 했으며, 그토록 가까웠던 최린, 최남선, 이광수 등에 대해서도 '친일파'라며 상종조차 하지 않았다. 벽초 홍명희는 "만해 한 사람 아는 것이 다른 사람 만 명을 아는 것보다 낫다."라고 했으며, 만공 선사는 "이 나라에 사람이 하나 반밖에 없는데 그 하나가 만해"라고 했다.

그 만해가 1933년부터 1944년까지 살았던 집 "심우장(尋牛莊)"이 서울시 성북구 성북동 221-1에 있다. 심우장은 서울기념물 제7호로 지정되었는데 '심우장'이란 이름은 선종(禪宗)의 '깨달음' 경지에 이르는 과정을 잃어버린 소를 찾는 것에 비유한 열 가지 수행 단계 중 하나인 심우(尋牛)에서 유래한 것이다. 그런데 이 심우장은 북향으로 지어진 게 특이하다. 그것은 남향으로 터를 잡으면 조선총독부와 마주 보게 되므로 이를 거부하고 반대편 산비탈의 북향터를 선택했기 때문이다. 그런 만해가 해방을 한해 앞두고 세상을 뜬 것은 참으로 안타까운 일이다.

▲ 조선총독부와 마주하기 싫어 북향으로 지은 만해 한용운의 심우장

또한, 을사늑약(乙巳勒約)은 1905년 일본이 대한제국을 강압하여 체결한 조약으로, 외교권 박탈과 통감부 설치 등을 주요 내용으로 한 조약이다. 이 조약으로 대한제국은 명목상으로는 일본의 보호국이나 사실상 일본의 식민지가 되었다. 당시 한성판윤·참정대신(參政大臣)을 지냈던 한규설은 이 을사늑약을 끝까지 반대해 파면되었다. 그 뒤 일제가 준 귀족의 작위를 거부한 채 집에 묻혀 살았다.

한규설이 살았던 집은 장교동에 있었는데 이 집은 도시개발에 따라 현재 정릉동 국민대학교 근처로 옮겨 복원해놓았고 그 집터에는 중구 문화원이 들어서 있다. 장교동에 있을 당시에는 큰길에서 서북방으로 들어서면 동남향의 솟을대문을 마주하게 되고, 이 솟을대문을 들어서면 행랑 마당에 이르게 되어 있었다. 행랑 마당의 서쪽에는 사랑채, 북쪽에는 안채와 사당, 그리고 별채가 있었는데 지금 이 집은 조선 후기 한옥을 연구하는데 중요한 자료이며 현재는 국민대학교에서 명원민속관으로 쓰고 있다.

7

김상옥 열사가 폭탄을 던진
종로경찰서 자리

서울에서 태어난 김상옥 열사는 3·1만세운동이 일어나자 비밀결사조
직인 혁신단(革新團)을 조직하고 기관지 "혁신공보"를 발행해 독립정
신을 드높였다. 1920년 10월 상해로 망명한 열사는 이시영·조소앙 등
임시정부 요인들의 지도로 의열단에 가입한 뒤 1921년 일시 귀국하여
군자금 모집과 정탐의 임무를 수행하였다. 다시 1922년 겨울 폭탄·권
총·실탄 등을 지니고 안홍한·오복영 등과 함께 서울에 숨어들어와 거
사의 기회를 노리다가 이듬해 1월 12일 밤 종로경찰서에 폭탄을 던짐
으로써 일본식민지 척결과 독립운동에 불을 붙였다.

그러나 일제는 정예기마대와 무장경관 1,000여 명을 풀어 김상옥을
체포하려고 혈안이 되었으며 삼엄한 수색 끝에 포위된 김상옥은 그들
과 대치하면서 몸에 지닌 권총으로 구리다(慄田)와 일본경찰 15명을

사살하고 자신도 마지막 남은 한 방으로 순절하였으니 그의 나이 34
살이었다.

 김상옥 열사가 폭탄을 던졌던 종로경찰서는 현재 종로경찰서가 아니
라 종로2가 YMCA 옆 장안빌딩 자리에 있었다. 현재 지하철 종각역 3
번 출구 근처에 표지석이 세워져 있다.

▲ 김상옥 의거터(종각역 3번출구) 표지석

8

벼락 맞고 요정이 된
매국노 이완용 집

친일파 우두머리 이완용이 살던 집에 있던 고목에 벼락이 떨어진 사건이 있었다. 이 이완용 집은 헌종 후궁 경빈 김씨가 살던 집으로 "순화궁"으로 불렸는데 1908년 이완용 손에 넘어갔다. 그 이완용 집에 자주 놀러 다니던 이완용 조카 한상룡은 자신의 회고록에 벼락 맞은 이야기를 하고 있다. 한상룡은 자신과 이완용 그리고 이완용 아들 이항구 셋이서 당구를 치고 있었는데 갑자기 하늘이 캄캄해지더니 당구를 치던 방문 앞 아름드리 고목에 벼락이 떨어져 고목이 둘로 갈려져 버렸다.

그러자 나라 잃은 백성 사이에서는 이완용이 천벌을 받았다는 소문이 퍼졌다. 그래서 이완용은 집을 떠났고 이 집은 요정 명월관 지점으로 바뀌었다. 무슨 인연인지 이 명월관 2층 맨 끝방에서는 3·1독립선

언의 외침이 울려 퍼졌다. 그 뒤 이 건물은 헐려 기독교 태화관이 되었다가 지금은 빌딩이 들어서 그 흔적을 찾을 수 없다. 〈순화궁 − 이완용 집 − 명월관(삼일독립선언) − 기독교 태화관〉으로 바뀌어 간 이곳은 참으로 파란만장한 곳이었다. 종각역 3번 출구에서 조계사 쪽으로 200여 m 가다가 인사동으로 가는 길로 들어서서 100여 m쯤 가면 국민은행이 있는 태화빌딩이 있는데 오른쪽에 표지석이 세워져 있다.

▲ 삼일독립선언이 울려 퍼졌던 명월관자리 유적비

9

조선의 정신을 짓밟으려 했던
남산 조선신궁

일제가 조선 식민지배의 상징으로 서울 남산에 세운 조선신궁(朝鮮神宮)이라는 신사가 있었다. 그 신궁은 1925년 천조대신(天照大神, 아마테라스 오오카미), 명치왕 등 일본이 가장 큰 신으로 여기는 신들을 받들었다. 조선총독부는 1945년 6월 현재 신궁(神宮) 2곳, 신사(神社) 77곳, 면 단위에 건립된 작은 규모의 신사 1,062곳을 세웠다.

그런데 종교시설물인 이 조선신궁 안에는 본전, 중문, 사무소 등과 함께 경찰관출장소도 있었다. 그 종교시설물 안에 경찰관출장소가 있다는 것은 무슨 뜻일까? 일본 홍문당에서 펴낸 ≪일본통치하의 해외신사≫란 책을 보면 일본 헌병이 집집마다 돌아다니며 사람들을 신사로 데려가 강제로 신사참배 시켰는데 이에 반발하여 온 나라에서 신사를 습격하여 부수고 불을 지르는 사건이 잇달았다고 한다. 조선신궁은 일제가 건국신화의 주신 천조대신과 조선을 강제 병합한 명치왕을 제신으로 삼고 조선 사람들에게 강제로 믿게 한 장소이다. 조선신궁이 있던 곳은 한양공원(구 남산식물원 ·안중근의사기념관 ·남산도서관 터) 자리이다.

▲ 조선인의 혼을 짓밟으려 세운 남산 조선신궁

※ 조선땅 곳곳에 신사를 만들어라!
신사로 조선인의 혼을 짓밟으려 했던 일제의 만행

조선을 무단으로 빼앗은 일제는 자신들의 조상신인 아마테라스오오카미(天照大神)를 조선인들이 섬기도록 강요했다. 일본인 거류민을 대상으로 국내에 처음 들어온 신사(神社)제도는 조선총독부가 설치되면서 조선인에게 천황제 이데올로기를 주입시키는 기반으로 확대되었다. 총독부는 1915년 '신사사원규칙'(神社寺院規則)과 1917년 '신사에 관한 건'을 잇달아 공포하여 한국에 들어온 모든 신사의 정비와 증대를 꾀했다. 이를 바탕으로 1925년에는 조선신사가 조선신궁(朝鮮神宮)으로 이름이 바뀌었다.

1931년 만주 침략에 이어 1937년에는 중일전쟁을 일으키는 과정에서 대륙침략정책의 발판을 조선에 두고 일본과 조선이 하나라는 이른바 내선일체를 표방한 황민화정책을 강력히 추진하였는데 신사참배는 그 중 가장 기본적인 정책이었다. 1930년대 중반부터 국민의 사상통제가 본격화되어, 신사 중심으로 애국반이 편성되고 신사참배, 궁성요배, 일장기게양, '황국신민서사(皇國臣民誓詞)' 제창, 근로봉사의 월례행사가 강요되었다.

7대 조선총독 미나미(南次郎)는 당치도 않은 국체명징(國體明徵, 천황중심 국가체제를 분명히 하는 일)을 내세워 겉 다르고 속 다른 내선일체(內鮮一體)를 주장했다. 그러면서 조선 전역에 1면(面) 1신사(神社)의 설치를 강행하여 일제의 기관원들뿐만 아니라 일반 조선인들에게까지도 신사 참배를 강요하게 되니 이로써 우리 동포들이 받은 정신적 타격이란 이루 말할 수 없었다. 기독교인들은 교리에 어긋남을 이유로 신사 참배를 거부하고 나섰으며 그 결과로 1938년 2월까지 장로교 계통의 9개 중학교와 9개 소학교가 폐쇄 당했고 2천여 명의 교인이 옥고를 겪었으며, 2백여 개소의 교회가 폐쇄 처분을 당하게 되었던 것도 이 무렵의 일이었다.

또한, 각 가정에 신붕(神棚, 가미다나 곧 신전) 설치, 신궁의 부적 배포가 강제로 이루어졌다. 그리고 경찰서 안에 감시대를 조직하고 애국반 안에 밀정조직을 만들어 이를 감시하게 했다. 한편, 1936년 8월 신사제도 개정에 대한 칙령이 발표되어 황민화정책의 상징으로서 신사제도가 행정구역별로 재정비·신설되었다. 이에 따라 1936년에 524개였던 신사가 1945년에는 1,062개로 급증했다. 그러나 이러한 일제에 항거하여 김두석 애국지사를 비롯한 수많은 조선인은 신사참배를 거부하며 식민지통치에 맞서 저항했다.

이는 단순한 신사라는 시설에 대한 참배 거부를 뜻하는 것이 아니다. 신사참배 거부는 일본인 조상을 모실 수 없다는 조선인의 자존심이자 겨레 혼을 지키려는 철학이 밑받침되었던 역사적인 거대한 저항 운동이었음을 이해해야 할 것이다.

제6장

한양의 한판 놀이와
모두를 살리는
추임새 문화

1

서울의 탈놀음
송파산대놀이

▲ 해학적인 산대놀이 모습들

연기자의 일부 또는 전원이 얼굴에 가면을 쓰고 등장하여 공연하는 극을 가면극, 가면희 또는 탈놀음이라고 한다. 우리나라에 있는 탈놀음의 종류에는 하회별신굿, 봉산탈춤, 강령탈춤, 강릉탈놀이, 양주별산대놀이, 수영야류, 동래야류, 통영오광대, 고성오광대, 진주오광대, 가산오광대가 있는데 특히 서울 송파구에 송파산대놀이도 있다.

송파는 조선후기 전국 15대 향시 중의 하나로 서울, 경기의 중요한 장터였다. 한강을 따라 강원도까지 배가 다니는 나루터가 있었고 말 행상, 부보상들이 온 나라에서 송파장으로 모여들어 1925년 대홍수가 나기 전까지만 해도 270여 호의 객주집이 성시를 이룰 정도였다. 따라서 장날뿐만 아니라 그 전후 사흘 동안은 사람들로 붐비며 서울로 공급되는 경기미, 숯, 푸성귀, 곡식 등이 모두 송파나루터를 건넜다. 심지어는 "임금님께 진상하는 꿀단지도 송파를 거친다."라는 속담이 생길 정도로 서울의 상업적 관문이었다.

이리하여 되쟁이, 말쟁이, 임방꾼(부두작업부), 잡심부름꾼, 뱃사람으로 넘쳐났으며, 주막, 운송점(창고 및 주문처), 우시장들로 흥청댔는데 그들이 추렴하는 돈으로 크고 작은 명절과 장날에 놀이판을 벌임으로써 송파장을 풍성하게 만들었고 늘 사람으로 북적거렸다. 그 까닭으로 이 송파장에는 송파백중놀이, 송파산대놀이가 유명해졌다. 송파 산대놀이[松坡山臺—]는 서울 송파구 송파동에 전승되어 온 산대[山臺]놀이로 중요무형문화재 제49호로 지정되어 있다. 송파는 지금의 송파동이 아니고 한강변 언덕 위에 있던 옛 송파나루를 말한다. 이곳에 약

200년 전 송파산대놀이가 창설되어 중간에 잠시 쇠퇴하였다가 1900년 초 다시 부활하여 활기를 띠었다.

송파산대놀이는 정월대보름·단오·추석 등의 명절에 연중행사로 놀아 왔는데 단오에는 1주일씩 계속되기도 하였다. 음악에 맞추어 춤과 몸짓과 대사가 따르는 탈놀음으로 놀이 내용은 길놀이, 고사, 첫째마당(상좌춤), 둘째마당(옴중·먹중), 셋째마당(연잎과 눈끔적이), 넷째마당(팔먹중:북놀이·곤장놀이·침놀이), 다섯째마당(노장:파계승놀이·신장수놀이·취발이놀이), 여섯째마당(샌님:의막사령놀이·미얄할미놀이·포도부장놀이), 일곱째마당(신할아비와 신할미)으로 이루어진다. 주제는 스님의 타락, 가족관계의 갈등 등이다. 이 놀이는 탈만도 33종류나 되는데 대부분 바가지로 만든다.

2
추수감사제에서
왕초보가 징을 치다

▲ 풍물굿에서 장구재비들이 상모놀이를 하는 모습

10여 년 전 충북 괴산 시골마을의 추수감사제에 초대받아 간 적이 있다. 그때 마을 아주머니들은 양동이에 막걸리를 담아 돌아다니면서 사람들에게 막걸리를 한 잔씩 마시게 했다. 한 서너 순배쯤 돌자 사람들은 얼큰하게 취기가 오르고 흥이 나기 시작했다.

그런데 갑자기 어떤 사람이 다가오더니 내게 징채를 쥐여 주며 징을 쳐보라는 것이 아닌가? 나는 깜짝 놀라 손사래를 쳤다. 그때까지 한 번도 풍물 악기를 제대로 만져본 일이 없기 때문이다. 하지만, 막무가내였다. 누구나 쉽게 칠 수 있으니 한번 쳐보란다. 할 수 없이, 사실은 적당히 취기가 오른 나의 객기에 결국은 엉겁결에 징채를 잡았다. 꽹과리, 장구 등 치배들의 뒤를 따라다니며 연신 징을 울려댔다. 정말 흥겨웠다. 일생 그렇게 시간 가는 줄 몰랐던 적도 별로 없었던 듯하다.

만일 이것이 서양 음악이었다면 가능한 일일까? 그러나 풍물굿은 가능하다. 풍물굿은 연주자가 관객이 되기도 하며, 관객이 즉석에서 연주자가 되기도 한다. 연주자 한 사람 한 사람의 기량이 중요한 것이 아니라 모두 한마음 되어 즐기면 그뿐인 것이 우리풍물의 멋이요 특징이다.

1) 풍물굿은 사물놀이와 다르다, 풍물굿의 이름들

① **풍물** : '소원을 푼다' 는 뜻으로 풍년을 기원한다는 '풍장(풀이장구)굿' 이라고도 한다. 다만 단순히 악기만을 가리키는 "풍물" 이란 말보다는 놀이(연희)가 곁들여지고 풍농, 풍어 등의 비나리(기원)의 성격이 있는 '풍물굿' 으로 부르는 것이 좋겠다. 흔히 풍물굿과 사물놀이

를 혼동한다. 심지어 언론도 혼동해서 쓰곤 한다. 하지만, 둘은 분명히
다르다.

<사물놀이가 풍물굿과 다른 까닭>

사물놀이는 꽹과리, 장구, 징, 북의 네 가지 악기를 가지고 연주한다
고 해서 붙인 이름이다. 1978년 서울 공간사랑에서 남사당패의 후예인
김덕수, 이광수, 최종실, 김용배(작고)가 처음으로 사물놀이 공개 무대
를 연 데서 시작했다. 풍물굿을 마당이 아닌 작은 공간에서도 쉽게 선
보일 수 있도록 하자는 의미에서 출발한 것이다.

사물놀이는 특히 앉아서 연주하는 앉은반이며, 풍물굿에서 중요한
부분인 무동, 대포수, 스님 등이 등장하는 놀이가 없다. 그뿐만 아니라
이리저리 열을 지어 움직이는 진법짜기와 소고재비가 몸을 거의 뒤로
눕다시피 하여 빙글빙글 도는 동작인 자반뒤지기, 상모 위에 달린 긴
끈을 돌리는 상모돌리기 등이 없고, 청중과 떨어져 무대에 앉아 연주
하기에 청중들이 함께하지 못한다. 따라서 사물놀이는 풍물굿에서 태
어났지만 판놀이가 아닌 무대화한 것으로 풍물굿과는 많이 다르다.

② **농악(農樂)** : 풍물굿의 이름으로 분명히 밝혀 둘 것은 농악이다.
농악은 일제 치하 때 농업 수탈정책의 하나인 장려운동으로 원각사의
협률사라는 단체에서 처음 부르기 시작했다. 원래 풍물굿이 농경사회

에서 나온 것은 사실이지만, "농민의 음악'이란 뜻으로 한정 짓는 것은 문제다. '농악'은 일본 탈놀이인 '능악(能樂, 노가꾸)을 본떠서 만든 말이라는 이야기도 있다. 또 일제는 우리의 민속놀이를 말살하려고 '농악'이란 이름으로 신청을 해야만 겨우 허락했기 때문에 풍물굿 하는 단체들이 농악이란 이름으로 공연신청을 할 수밖에 없었고, 8·15 해방 이후 많은 학자와 관에서 국악이론을 정리하면서 그대로 따라 쓴 것이다. 따라서 이 '농악'이란 말은 쓰지 말아야 한다.

③ **풍장·풋굿·군몰·걸립·매귀** : 이밖에 풍물굿의 또 다른 이름은 김매기할 때 풍물놀이란 뜻의 '풍장', 마을 단위 일공동체인 '두레', 푸리굿과 살풀이 등의 뜻으로 신에게 소원을 푼다는 뜻 또는 '풀밭 농사'로 해석하기도 하는 '풋굿', 군사훈련과 전쟁에서 군사를 내몰아칠 때 사용하는 고무, 고취한다는 뜻으로 쓰인 '군몰'들도 있다. 또 절의 보수와 건축 기금 등을 모금하는 굿으로 가정을 방문하여 집안 신에게 굿을 해 주고 양식과 베, 돈 등을 받는 걸굿(또 다른 이름 동량, 걸립, 걸량)과 매귀(埋鬼), 매구라고도 하며 땅 밑에 있는 나쁜 귀신이 나오지 못하도록 묻고 밟는다는 뜻으로 보통 섣달 그믐날 밤에 하는 '매굿'도 있다.

④ **굿** : 그런가 하면 모든 지방에 걸쳐 일반적으로 쓰인 말로 '굿'이 있다. 굿의 의미는 원래 '모인다'는 뜻인데 공동체의 모든 일을 의논하고 풀어가며 공동체적 바람을 집단적으로 빌고 신명으로 끌어올려 새로운 삶의 결의를 다지는 과정을 담아내는 말이었다.

2) 풍물굿의 종류

풍물굿은 크게 웃다리풍물, 호남우도풍물, 호남좌도풍물, 영남풍물, 영동풍물로 나뉜다. 웃다리풍물은 충청도 이북을 웃다리라 하고, 전라도 아래쪽을 아랫다리라고 한 말에서 유래한다.

크게 나눔	작은 나눔
웃다리풍물	안성풍물굿, 평택풍물굿, 대전풍물굿, 이천풍물굿
호남우도풍물	이리풍물굿, 김제풍물굿, 영광풍물굿, 진도(소포)풍물굿
호남좌도풍물	진안풍물굿, 임실(필봉)풍물굿, 화순(한천)풍물굿, 여천(백초)풍물굿
영남풍물	부산(아미)풍물굿, 예천(통명)풍물굿, 김천(빗내)풍물굿, 청도(차산)풍물굿, 진주풍물굿, 밀양백중놀이
영동풍물	강릉(홍제)풍물굿, 고성풍물굿

크게 둘로 나누어 좌도인 지리산 쪽 산간지방은 힘이 있고 소박하게 치는 특징이 있고, 우도인 평야지대는 농업이 발전하여 판굿이 다양하고 가락이 화려한 면이 있다. 경상도가 북을 중요하게 사용했지만 전라도는 장구를 많이 사용하여 풍물을 구성한다.

3) 풍물악기들

▲ 꽹과리, 장구, 징, 북, 나발, 태평소, 소고 (위로부터 시계방향)

① **꽹과리** : 풍물굿을 이끄는 악기로 흔히 '쇠'라 하며 매구·깽매기·꽹매기·광쇠(廣釗)·깽새기·소금·동고·쟁 따위로도 불린다. 쇠는 놋쇠를 원료로 만드는데, 요즈음에는 금이나 은을 섞어 쓰기도 한다. 맨 앞에서 쇠를 치는 사람을 '상쇠'라 하며, 상쇠는 가락을 전 풍물패에게 전달하고 동제에서는 제관이 되기도 하며, 지신밟기를 할 때는 고사장이 되며, 판굿에서는 진풀이를 이끌어 가는 등 모든 풍물굿을 총지휘한다.

② **징** : 타악기의 하나로 원박을 정확하게 쳐주는 것이 중요하며, 사

물의 가락을 모두 감싸서 멀리 울려 퍼지게 한다. 풍물악기 가운데 가장 은은한 소리를 내며, 포용력이 있는 악기여서 풍물굿 전체를 껴안는 소리라 할 수 있다. 서양악기의 콘트라베이스와 비슷한 역할이다. 쓰임새가 풍물굿보다는 오히려 굿음악에서 더 많이 쓰인다.

③ **장구** : 양편의 머리가 크고 허리가 가늘어서 '세요고(細腰鼓)'라고도 한다. 장구의 왼쪽 궁편은 가죽이 두껍고 소리가 낮으며, 오른쪽 채편은 가죽이 얇고 높은 소리를 낸다. 장구의 통은 보통 오동나무 또는 소나무를 쓰는데 이 나무장구 말고도 바가지장구, 채바구장구, 옹기장구, 양철장구 등이 있다. 풍물굿판에서 분위기를 돋우는 데 없어서는 안 될 악기이며, 민요나 춤 장단을 칠 때는 궁편을 손으로 치기도 한다. 정악, 산조, 잡가, 민요, 풍물굿, 굿음악 등 거의 쓰이지 않는 곳이 없다. 정악에서 쓰이는 장구는 풍물굿 장구보다 크다.

④ **북** : 구조가 간단하여 손쉽게 다룰 수 있으며, 풍물굿 악기 가운데 역사가 가장 오래되고, 세계 어디에서나 볼 수 있는 악기다. 북은 다양한 가락을 연주하기보다는 박을 힘 있게 짚어가면서 다른 가락을 받쳐주는 역할을 하는데, 치는 방법에 따라 춤 위주의 외북과 가락 위주의 쌍북으로 나누어진다.

⑤ **소고** : 작은북으로 '법고', '버꾸', '매구북'이라고도 한다. 소고잽이들은 보통 상모를 쓰는데, 호남우도와 강원도에서는 고깔을 쓴다. 고깔을 쓰는 경우에는 소고잽이가 멋들어진 춤가락을 보이고, 채상모

가 달린 전립을 쓰는 경우에는 힘찬 춤가락과 함께 화려한 상모돌리기 놀음을 벌인다.

⑥ **나발** : 원래는 군악기로 쓰였다. 전라도·충청도에서는 쇠로 만든 것을 썼으며 '나발'이라 하고, 영남지방은 나무로 만든 것을 썼으며 '고동'이라 한다. 풍물패가 마을에 들어갈 때 신호로 나발을 세 번 분 다음 당산굿을 치고 들어간다. 또는 풍물패를 모아 출발할 때와 그 밖의 신호용으로 썼다. 나발은 잡색의 하나인 대포수나 상쇠, 설장구 중 한 사람이 부는데, 먼저 1초를 울리면 여러 곳에 흩어져 있는 치배들에게 준비하라는 뜻이고, 2초를 울리면 떠날 채비를 하라는 뜻이며, 3초를 울리면 출발하라는 뜻이다.

⑦ **태평소** : 원추형으로 '날라리', '새납', '호적(胡笛)'이라고도 부른다. 서양악기의 호른(Horn) 역할을 한다. 선율악기 가운데 성량이 가장 높으며, 지공(구멍)은 모두 8개다. 태평소는 본래 궁중의 대취타에 쓰였는데, 걸립 형태 때 들어와 풍물굿을 한층 더 풍성하게 해주었다.

해학 · 눈물 · 사랑이 질펀한
판소리

판소리 마당	사설의 예	사설의 특징
춘향가	"이리 오너라 업고 놀자. 사랑 사랑 사랑 내 사랑이야. 사랑이 로구나 내 사랑이야. 이이이 내 사랑이로다. 아마도 내 사랑아 네가 무엇을 먹을라느냐…. 저리 가거라 뒷태를 보자 이리 오너라 앞태를 보자 아장아장 걸어라 걷는 태를 보자 빵긋 웃어라 잇속을 보자 아마도 내 사랑아."	선정적인 부분이 보인다.
심청가	"선인(船人)들을 따라간다, 선인들을 따라간다. 끌리는 치맛 자락을 거듬거듬 걷어 안고, 비같이 흐르는 눈물, 옷깃이 모두 가 사무친다. 엎어지며 넘어지며, 천방지축(天方地軸) 따라갈 제…."	비극적이다.
흥보가	"우는 놈은 발가락 빨리고, 똥 누는 놈 주저앉히고, 제주병에 오줌싸고, 소주병 비상 넣고, 새 망건 편자 끊고, 새 갓 보면은 땀때 띠고, 앉은뱅이는 택견, 곱사동이는 되집어 놓고, 봉사는 똥칠허고, 애밴 부인은 배를 차고…."	해학적이다.
적벽가	"충간(忠奸)이 공립(共立)허고 정족(鼎足)이 삼분헐새 모사는 운집(雲集)이요 명장은 봉기(蜂起)로다. 북위모사(北魏謀士) 정 욱(程昱) 순유(荀攸) 순문약(荀文若)이며 동오모사(東吳謀士) 노숙(魯肅) 장소(張紹) 제갈근(諸葛瑾)과 경천위지(經天緯地) 무궁조화(無窮造化) 잘긴들 아니허리."	고사성어로 되어 이해 하기 어렵다. 남성적이다.

판소리는 소리꾼(창자:唱者)이 고수(鼓手:북치는 사람)의 북장단에 맞
춰 창(소리), 아니리(말), 너름새(몸짓)를 섞어 이야기를 엮어가는 극적
인 음악이다. 이 판소리는 넓은 마당을 놀이판으로 삼아 벌이는 판놀

음에서 하는 소리로, 18세기 초에 발생했다.

판소리는 서양 성악과 다른 점이 있다. 성악은 테너, 베이스, 소프라노, 메조소프라노 등 성부로 나뉘어 각자 자기 노래만 하면 되지만 판소리는 성부의 구분 없이 혼자 다 해야 한다. 더구나 판소리 한마당을 완창하려면 7~8시간 소리를 해야 하는데, 소리를 곱게 다듬는 것이 아니라 내지른다. 폭포소리를 이겨내고, 피를 토하는 악전고투 끝에 걸걸한 소리로 변해야 제대로 득음을 했다 한다.

1) 서편제와 동편제의 대조적인 소리, 유파

유파	창시자	어울리는 창	특징
서편제	박유전	심청가	소리의 색깔이 부드러우며 구성지고 애절한 느낌을 준다. 소리의 끝도 길게 이어지며, 부침새의 기교가 많고 슬프고 애타는 듯한 느낌을 주는 음조로 서양음악의 단조에 가까운 계면조로 정교하게 부른다.
동편제	송흥록이 발전시키고 송만갑이 완성	적벽가	뱃속에서 바로 위로 뽑아내는 통성과 웅장하고 화평한 가락인 우조를 중심으로 소리를 한다. 감정을 절제하는 창법을 구사하며, 소리가 웅장하고 힘이 들어 있다. 또 발성의 시작이 신중하며, 구절의 끝마침이 명확하고, 소리는 쭈욱 펴며, 계면조 가락이 별로 없다.
중고제	염계달·김성옥의 창		경기도 남부와 충청도 지역에 전승된 소리인데, 그 개념이 모호하여 동편제도 서편제도 아니라는 '비동비서(非東非西)'로 표현한다.
강산제	박유전	심청가	서편제를 시작한 박유전이 나중에 만든 유파로, 체계가 정연하고 범위가 넓다. 특색은 너무 애절한 것을 지양하여 점잖은 분위기로 이끌었고, 삼강오륜에 어긋나는 대목은 없애거나 고쳤다.
동초제	김연수		사설이 정확하고 너름새(동작)가 정교하며, 부침새(장단)가 다양하다. 또 정확한 발음을 강조해 가사 전달이 확실하고 맺고 끊음이 분명하다.

2) 판소리는 마당의 분위기에 따라 조(調)를 바꾼다

① **우조** : 웅장하고 화평한 느낌이 들며, 〈적벽가〉 중 적벽강에 불 지르는 대목

② **평조** : 명랑하고 화창한 느낌으로 〈수궁가〉 중 토끼가 꾀를 부려 세상에 나오는 대목에 잘 맞다.

③ **계면조** : 슬프고 부드러운 느낌이어서 심청이 인당수에 빠지는 대목

④ **경드름** : 서울 가락이며 경쾌한 느낌으로 몽룡이 춘향을 달래는 대목이 대표적이다.

⑤ **설렁제** : 경쾌하고 씩씩하며, 호탕한 느낌이 들어 〈흥보가〉 중 놀부가 제비 후리러 가는 대목

⑥ **추천목** : 경쾌한 느낌이어서 〈수궁가〉 중 토끼가 수궁을 빠져나와 자라에게 욕을 하는 대목

⑦ **석화제** : 평조와 비슷하여 명랑하고 화창한 느낌으로 〈수궁가〉 중 토끼가 뭍으로 다시 돌아오며 기뻐하는 대목

* **판소리 장단** – 가장 느린 진양조부터 중몰이, 중중몰이, 잦은몰이, 휘몰이 등으로 빨라진다. 이 장단들은 박자, 빠르기, 북 치는 법이 서로 다른데, 한가하거나 여유로울 때는 진양조로 하고, 긴박한 상황에는 휘모리장단으로 소리를 엮어 나간다.

* **원래는 12마당** – 판소리에는 원래 춘향가, 심청가, 흥보가, 수궁가, 적벽가, 변강쇠타령, 옹고집타령, 무숙이타령, 강릉매화타령, 장끼

타령, 배비장타령, 숙영낭자타령(가짜 신선타령) 등 열두 가지가 있었다. 그러나 현재는 춘향가, 심청가, 흥보가, 수궁가, 적벽가만이 불리고 있고, 나머지 맥이 끊긴 것을 고 박동진 명창이 여러 바탕을 복원한 바 있다. 최근에는 많은 창작판소리가 발표되기도 한다. '소리꾼 광대' 임진택은 김지하의 담시 〈오적(五賊)〉, 〈똥바다〉, 〈소리내력〉 등을 판소리로 불렀다. 또 박동진 명창은 성경을 판소리로 불렀으며, 백범 김구 일대기를 그린 〈백범 김구〉도 공연되었다.

3) 추임새로 소리꾼과 하나 되는 청중, 판소리 구성 요소

판소리의 구성요소는 소리꾼, 창, 아니리, 너름새, 발림, 고수, 추임새 등이 있다.

▲ 고 오정숙 명창의 판소리 모습

① **소리꾼** : 소리판을 이끌어 가는 주체, 창자(唱者) 또는 광대(廣大)라고 한다. 소리꾼은 오른손에 부채를 들고 창과 아니리, 너름새, 발림을 섞어가며 소리를 한다.

② **창** : 판소리에서 노래로 부르는 부분을 가리킨다. 판소리는 창과 아니리를 번갈아 부른다.

창은 어떤 장면을 확대 부연하여 정서적 긴장과 감흥을 유발시키는 구실을 한다.

③ **아니리** : 소리를 하는 도중에 북은 치게 놓아두면서 말로 하는 부분을 말한다. 아니리는 시간의 흐름이나 장면의 전환 등 주로 이야기를 진행하는 구실을 하고, 특히 해학적인 대목은 아니리로 처리하는 경우가 많다. 아니리 중 노래처럼 부르는 대목도 있는데 이는 '도섭' 이라 한다.

④ **너름새** : 판소리 소리꾼이 소리 중에 하는 몸짓을 말한다. 소리꾼이 하는 우는 연기는 우는 흉내만 낼 뿐이다. 이처럼 비사실적이며 극도로 상징화된 방법을 사용하는 것이 연극과 다르다.

⑤ **발림** : 판소리를 하는 도중에 춤추는 동작을 말한다. 이 발림은 거의 제자리에 서서 하는 미미한 동작으로 지나쳐서는 안 된다.

⑥ **고수(鼓手)** : 소리꾼의 소리에 장단을 맞춘다. 고수는 연출가인 동시에 지휘자로 북 반주는 명창의 소리를 살리기도 하고 죽이기도 하며, 추임새를 넣어 소리꾼이 소리를 신명나게 할 수 있도록 이끈다. '북장단' 은 적벽가 등에서 수많은 군사가 싸우는 장면은 북가락을 힘차고 복잡하게 쳐주고, 심청가에서 떡방아 찧는 소리를 부를 때는 떡방아 소리같이 들리게 쳐준다. 또 소리꾼의 소리가 느려진다면 고수는 약간 빨리 쳐주어 빠르게 이끌어 가고 빠르면 늦춰 주면서 속도를 조

절한다. 반대로 소리꾼이 기교를 부리려고 속도를 늘일 때 북장단도 같이 늘어지기(따라치기)를 하고, 소리꾼이 잘못하여 박자를 빼먹거나 늘였을 때 얼른 이를 가늠하여 맞춰 주기도 하는데 이를 '보비위'라 한다. 이렇듯 고수는 소리꾼을 살리는 중요한 요소다. 그래서 '1고수 2명창'이란 말도 한다.

⑦ **추임새** : 소리 도중에 고수와 청중이 하는 '얼씨구', '좋다!', '잘헌다!', '그렇지!', '아먼' 따위의 감탄사를 말하는데, 이 추임새는 민요, 잡가, 무가 등 여러 성악곡에서도 볼 수 있다. 추임새라는 말은 '추어주다'에서 나온 것으로 '칭찬해 주다'라는 뜻을 지니고 있다. 추임새는 소리꾼과 청중의 흥을 돋우는 중요한 요소로 판소리에서는 빠질 수 없는 부분이다. 고수는 북을 치는 대신 추임새를 넣기도 하며, 상대역의 대사를 대신하기도 한다. 예를 들면 춘향가 중에서 어사와 장모가 상면하는 대목을 볼 수 있다.

　소리꾼 : "어디를 갔다가 인제 오는가, 이 사람아!"
　고　수 : "서울 갔다 오네, 이 사람아."

⑧ **부채** : 판소리에서는 의미 있는 소도구로 사용된다. 오른손에 든 부채는 바람을 부치는 데 사용하기도 하지만, 편지 읽는 대목에서는 편지가 되고, 노를 젓는 대목에서는 노가 되며, 톱질하는 대목에서는 톱이 된다. 심봉사가 어린 심청이를 안고 다닐 때는 심청이기도 하는 고도의 상징성을 가지는 물건이다. 발림시에 부채를 활짝 폈다 접기도 하면서 상황을 유도하는 등 아주 다양한 용도로 쓰인다.

⑨ **청중** : 소리판의 중요 요소다. 청중과 소리꾼, 고수들 사이에 공감대가 형성되므로 소리판이 완성된다. 청중도 추임새를 하는데 놀부가 흥부를 두들겨 패는 대목에서 "저런 나쁜 놈!"이란 말매(말로 때리는 매)를 놓으며 소리를 친다.

판소리는 소리를 하는 중에 청중들이 추임새로 소리꾼과 하나가 된다. 청중은 감상만 하는 사람이 아니라 처음부터 소리판을 같이 이끄는 중요한 요소라는 점이 서양음악과 크게 다르다. 풍물굿처럼 연주자와 관객이 '따로따로'가 아니고 하나 되는, 곧 '대동 한마당'이라는 것을 보여준다. 이는 우리 문화의 중요한 뿌리다.

4

우리 굿거리문화,
연주자와 관객이 따로 없다

앞에서 예를 든 것처럼 풍물굿에서는 연주자가 청중이 되기도 하고, 청중이 연주자가 되기도 한다. 연주자가 기량이 얼마나 뛰어난가가 문제가 아니다. 모두 하나 되면 그만이다. 서양 음악에서는 거의 상상하기 어려운 일이다. 서양굿거리 형태는 무대에서 자신의 기량을 발휘하고 그런 다음 박수를 받는 것이지만 판소리는 소리꾼이 소리하는 내내 청중은 추임새로 분위기를 돋운다. 그로써 소리꾼은 신이 나서 7~8시간의 완창을 할 수 있다. 연주하는 동안 숨소리도 죽이다가 연주가 끝난 뒤 손뼉을 치거나 앙코르를 외치는 서양 무대문화와는 전혀 다른 모습이다.

물론 서양 굿거리문화가 잘못됐다는 얘기는 아니다. 하지만, 우리 굿거리문화의 형태가 더 바람직하다는 것이다. 특히 개인주의 이기주의

가 팽배해 이타주의는 흔적도 없어진 현대에 모두 하나 되는 우리 굿
거리 형태야말로 이 시대에 추구해야 할 귀중한 가치가 아닐까?

제7장

정선 한양 인왕산을
그리다 - 김홍도,
신윤복, 정선
그림 속의 비밀들

어떤 이는 한국 문화를 중국의 아류쯤으로 생각하기도 한다. 한복의 기원은 중국에 있다고도 말하며, 거문고도 중국에서 들어왔으니 중국 악기라 한다. 또 문인화가 중국에서 전래했으니 중국 그림이라고 말하는 것이다. 하지만, 그것은 한국과 중국 문화의 차이를 모르는 소치다.

1909년부터 1928년까지 우리나라에 선교사로 왔던 독일인 안드레 에카르트는 고국으로 돌아가 1929년 ≪조선미술사≫를 펴냈다. 독일어로 된 이 책은 8·15 광복 이전에 한국 미술을 일본어가 아닌 외국어로 맨 처음 소개한 책이었다. 그는 이 책을 통해 한국 미술의 특성을 서구 사회에 본격적으로 소개함으로써 해방 전까지 세계인들이 한국 미술의 아름다움을 제대로 이해하는 데 큰 구실을 했다는 평을 받는다. 그는 조선 미술을 다음처럼 평가했다.

"조선 사람들은 동양에서 가장 아름답고 또 고전적인 미술품을 만들었다. 이렇게 강조하는 것은 결코 지나친 말이 아니다. 과장하거나 왜곡된 것이 많은 중국의 미술이나, 감상으로 치닫거나 지나치게 형식에 얽매이는 일본 미술과는 다르다."

그런데도 우리 문화가 중국의 아류라는 생각을 버리지 않는다면 그건 바로 문화사대주의일 뿐이다. 이제 우리 조선의 그림 속에 숨겨진 아름다움과 특징을 찾아보자.

1
조선만의 그림
진경산수화

한 블로그에는 다음과 같은 글이 있었다. "내가 겸재 정선의 작품을 보기 전에는 조선의 그림에 대해 오해가 있었다. 과거로부터 전해오는 그림 중에 산수화가 가장 많은데 왜 조선의 산과 강과 사람은 없는지? 산수화는 전부 중국풍의 인물과 어느 지형을 그렸는지 알 수도 없는 진짜 그림 속의 그림이었다. 그러던 어느 날 우연히 도서관을 들러서 겸재의 화첩을 감상했는데, 진한 감동과 충격을 느꼈다. 아! 조선에 이런 화가가 있었구나!"

그는 왜 그런 감동을 받았을까? 그는 사진과 함께 전시된 그림을 보니 정말 금강산이 거기 있었고 한탄강도 있었으며 인왕산도 그림 속에서 살아 있었다고 했다. 또 조선의 산하는 물론 갓을 쓴 양반과 서민의 모습까지 17세기 조선이 거기 있었다는 것이다.

< 진경산수화 >

정선(鄭敾, 1676~1759)은 중국의 기법을 그대로 답습한 그림은 우리 감정을 나타낸 우리 그림이 될 수 없음을 깨달았다. 그래서 우리의 산천을 두루 답사하고 그 아름다운 산천을 표현하기에 알맞은 그림 기법을 창안하여 그렸다. 우리 산수를 소재로 하여 실제의 경치 그대로 그린 것으로 겸재 정선은 조선 후기에 진경산수화를 이끈 사람이었다.

그러나 정선의 산수화는 그저 있는 그대로 그린 것이 아니다.

① 인왕산의 바위는 희게 그리지 않고 검게 그려 무거운 느낌을 강조한다.

② 폭포는 일부러 길게 그려 폭포소리가 훨씬 우렁차고 세차게 들리도록 했다. 진경산수화라 해서 무조건 있는 그대로가 아닌 오히려 느낌을 분명히 강조한다. 조선의 초상화가 극사실화지만 사람의 생각마저 그리려고 구도와 특징을 살린 것과 같은 이치이다.

"금강산도는 그 구도와 색의 대비, 원근법 등이 21세기 현대의 산수화보다 앞서 있는 느낌이었다. 먹으로 그린 박연폭포도 폭포의 상단과 하단의 그래픽적인, 의도적으로 그린 검은 바위는 채색화보다 폭포수의 강렬함을 더욱 느끼게 해준다."

흉내가 아닌 차별화만이 진정한 예술이요 문화다.

▲ 정선, 〈박연폭포〉 52×119.1㎝, 종이에 수묵담채, 개인소장

2
곰보 · 검버섯까지 죽기 살기로 그린
조선의 초상화

< 조선시대 초상화의 특징 >

▲ 이채 초상, 99.2×58cm,
국립중앙박물관 소장

극사실화 – 수염 한 올까지도 정밀하게 그렸고, 곰보, 검버섯, 사팔까지도 그대로 그렸다. 극사실화란 '전신사조(傳神寫照)' 곧 형상을 통해 정신을 전하는 것이다.

사람 생각을 그린다 – 극사실화지만 있는 그대로가 아니고 사람의 생각마저 그리는 것으로 구도와 특징을 잘 살리는 그림이다. 조선 대부분 초상화는 귀가 늘 당나귀 귀이고, 한쪽만 그렸으며,

눈은 정면을 바라보지만 코는 1/4쯤 옆으로 돌린 모습이다. 한국인은 코가 낮아서 정면으로 그리면 보기가 싫다나? 조선의 초상화는 정직하지만, 특징은 잘 살린다.

< 임금 어진은 누가 그렸을까? >

함부로 얼굴을 볼 수 없었던 조선시대 임금의 초상화인 어진은 누가 그렸을까? 어진(御眞)은 임금의 얼굴 부분을 그리는 주관화사(主管畵師) 1명을 중심으로 주관화사를 도와 옷을 그리고 색칠하는 1~2명의 동참화사(同參畵師), 여러 가지 일을 도우면서 영정 제작을 배우는 3~4명의 수종화원(隨從畵員)의 합동작품이다. 어진을 다 그리면 화원들은 벼슬이 오르거나 상을 받았다. 또 주관화사는 '어용화사'라는 이름을 듣는 당대 최고의 화가로 대접받았다. 이런 내용은 어진을 제작하는 과정을 기록한 ≪어진도사도감의궤(御眞圖寫都監儀軌)≫에 나온다.

3

피나는 노력 끝에
"서권기 문자향"이 우러나오는 수묵화

① **수묵화 정의** : 현란한 채색을 피하고 먹만으로 그리는 그림 양식

② **수묵화(水墨畵) 기법** : 용필(用筆) 곧 붓놀림과 용묵(用墨) 곧 먹 다룸의 두 가지.

③ **수묵화의 격(格)** : "서권기 문자향(書卷氣 文字香)"

곧 명필은 단순히 글씨 연습만 반복한다고 해서 되는 게 아니고 많은 독서와 사색을 통해 인문적 교양이 그 사람의 몸에 배었을 때야 비로소 가능하다는데 있다고 한다.

④ **먹을 다루는 방법** : 발묵(潑墨) 곧 먹 퍼짐과 파묵(破墨) 곧 먹 번짐 외에 적묵법, 갈묵법, 조묵법, 습묵법, 비묵법 등 여러 가지가 있다.

< 수묵화의 대표 사군자 >

예부터 한국화에는 소나무를 비롯하여 매화·난초·국화·대나무를
소재로 하여 수묵으로 그린 사군자(四君子)라는 그림이 유난히 많다.
이는 수많은 식물 중에서도 이 매난국죽(梅蘭菊竹)의 의미가 남다르
며, 그 생태적 특성이 모두 고결한 선비의 인품을 닮았기 때문이다.

① **매화** : 눈 속에서 맑은 향기와 함께 봄을 제일 먼저 알린다.
② **난초** : 깊은 산골짜기에서 홀로 은은한 향기를 퍼뜨린다.
③ **국화** : 늦가을 찬 서리를 맞으면서 깨끗한 꽃을 피운다.
④ **대나무** : 추운 겨울에도 푸른잎을 계속 유지한다.

중국의 시인 왕유(王維)는 "우주의 만상(萬相)을 집약해서 표현하는
수묵화가 그림 가운데 으뜸이다."라고 했다. 수묵은 단순히 검정빛이
아니라 온갖 빛깔을 합한 것이며 빛깔이 없는 것이라고 한다. 이러한
수묵화는 피나는 노력으로 법도를 뛰어넘는 데서만 가능한데 책의 기
운과 글자의 향기가 없고선 먹물로 비질한 것에 불과하다고 말한다.
이 사군자는 그림뿐 아니라 글에도 수없이 등장하는 선비의 벗이고
목표였다. 지금이야 꽃 가운데서 일시에 폈다가 일시에 지고 마는 벚꽃
놀이에 푹 빠진 사람들 천지이지만 예전 우리 겨레에게 벚꽃은 존재하
지 않았었다. 꽃을 좋아하는 데도 정체성이 있다면 지나칠까?

4
나라의 큰일을 의궤에 사실처럼 묘사한
도화서 화원들

도화서(圖畵署) : 조선시대 전문적으로 그림 그리는 나라의 공식기구
《경국대전》에 따르면 종 6품 관청으로, 제조 1명, 별제 2명 외에 잡
직으로 화원 20명이 있었다. 정조 시대에 편찬된 《대전통편》에는 화
원의 수가 30명으로 늘어났다. 화원은 화공(畵工), 화사(畵師)라는 이
름으로도 불렸다.

화원(畵員) : 임금이나 정승들의 초상을 그렸고, 지도를 제작하기도
했다. 또 기계나 건축물의 설계도, 책의 삽화, 외교사절을 수행하면서
외국의 풍물을 그렸다. 조선시대에는 임금이나 왕세자의 결혼식, 장례
식, 궁중 잔치 등 나라의 주요행사가 있으면 《의궤》를 펴냈다. 의궤
에는 화원들이 행사 장면이나 그릇·기구 등의 그림을 그려 넣었다. 특
히 의궤에는 화원들의 이름을 기록하여, 책임감과 긍지를 갖도록 했

다. 영조임금과 정순왕후의 결혼식을 기록한 ≪가례도감의궤(嘉禮都監儀軌)≫의 끝 부분에 그려진 반차도에는 결혼식에 동원된 사람과 말의 모습, 복장과 깃발 등이 입체적으로 그려졌다. 조선시대에는 당시의 역사적 흔적들을 더욱 생생하게 후대에 전달하려는 목적에서 화원들은 요즘의 사진기자, 나아가 역사가의 한 역할을 했다. 일본에서는 통신사를 따라오는 화원의 인기는 대단했고, 특히 김명국은 꼭 같이 와 달라고 했을 정도이다.

▲ 영조와 정순왕후의 혼례의식을 기록한 ≪가례도감의궤≫ 중 반차도
이런 기록화는 여럿이 같이 그리기에 그림 속의 사람 방향이 다르다.
(서울대학교 규장각한국학연구원 소장)

5
재미있는 조선 그림
그리고 화가 이야기

1) 신윤복이 스스로 감격에 겨워 한 그림, '미인도'

"이 조그만 가슴에 서리고 서려 있는 여인의 봄볕 같은 정을 붓끝으로 어떻게 그 마음마저 고스란히 옮겨 놓았느뇨?"

우리가 익히 아는 미인도는 조선 후기의 화가 신윤복이 그렸는데 화가는 그림을 그려놓고 스스로 감격에 겨워 그림에 이런 글을 적어 놓았다. 사계절출판사에서 나온 ≪한국생활사박물관 10≫에 보면 '다리(가체)를 구름처럼 얹은머리에 동그랗고 자그마한 얼굴, 둥근 아래 턱, 다소곳이 솟은 콧날과 좁고 긴 코, 귀밑으로 하늘거리는 잔털'이라는 표현으로 이 여인은 우리 전통미인의 전형이자 우리 전통의 아름다움 그 자체라고 평가했다. 이 미인도는 비단천 먹 채색으로 그린 것이며,

사실적 기법으로 정통초상기법을 따라 머리털 하나하나까지 세밀하게 묘사한 작품이다. 또 윤곽선(쌍선)을 그린 후 그 안에 채색하는 구륵법의 그림이라고 한다. 화폭은 113.9cm x 45.6cm로 현재 간송미술관에 소장되었다. 다만 여기 미인은 현대인의 미인상과는 많이 다르다.

2) 김홍도의 '씨름도', 씨름꾼은 어디로 자빠질까?

▲ 단원 김홍도의 그림 〈씨름도〉, 39.7×26.7㎝, 국립중앙박물관 보물 제 527호.

두 사람 중 오른편 사람은 어금니는 앙 다물고 입을 꽉 깨물었으며, 광대뼈가 툭 튀어나왔다. 그리고 두 다리를 떠억 버티고 선 모양새가 이번엔 분명히 이기겠다는 각오가 대단해 보인다. 반면에 왼편에 번쩍 들린 사람의 표정을 보면 눈이 똥그래지고, 양미간 사이엔 깊은 주름 이 잡혀 있으며, 쩔쩔매는 눈빛이 너무나 처절하다. 더구나 한쪽 다리 는 번쩍 들려있고 나머지 다리도 금새 들려질 것 같은 모양새로 이 사 람이 분명히 지겠다는 짐작을 해볼 수 있다.

그리고 오른쪽 아래 구경꾼들을 보면 씨름꾼은 이쪽으로 넘어질 것 이 분명하다. 하나 더 몸을 젖힌 이 구경꾼의 손은 잘못 그려졌다.

3) 신윤복 그림, 두 사람만이 아는 월하정인 이야기

조선 3대 풍속화가 김홍도, 신윤복, 김득신(金得臣) 가운데 신윤복의 풍속화는 남녀의 선정적인 장면, 곧 양반·한량의 외도에 가까운 풍류 와 남녀 사이의 애정이 적나라하게 표현되었다.

신윤복 풍속화 중 '혜원풍속도첩(蕙園風俗圖帖)'은 국보 제135호로 지정되었고, 현재 간송미술관에 소장되어 있다. 또 여기엔 〈연당야유 (蓮塘野遊)〉, 〈단오풍정(端午風情)〉, 〈월하정인(月下情人)〉, 〈기방무사 (妓房無事)〉, 〈청루소일(靑樓消日)〉 등 뛰어난 작품이 많다.

이 가운데 '월하정인(月下情人)'이란 그림은 늦은 밤 담 모퉁이에서 만난 한 쌍의 남녀를 그렸다. 넓은 갓에 벼슬하지 못한 선비가 입던 겉 옷인 중치막을 입은 사내와 부녀자가 나들이할 때, 머리와 몸 윗부분 을 가리어 쓰던 쓰개치마를 쓴 여인이 초승달 아래서 밀회를 즐기는 그림이다. 그림 중 담벼락 한쪽에는 이런 글귀가 쓰여 있다. "달은 기울어 밤 깊은 삼경인데, 두 사람 마음은 두 사람이 안다(月沈沈夜三更 兩人心事兩人知)." 정인 두 사람 마음은 두 사람만 아는 것은 당연하다. 그런데 한밤중 삼경(밤 11시~1시)에 과연 남녀가 밀회를 즐길 수 있을까? 이 여인네는 아마 기생이 아닐까? 그런데 이 그림에도 잘못된 부분이 있다. 초승달이 뒤집혔다는 것이다. 그러나 어떤 이는 이를 두고 월식으로 달이 지구 그림자에 가려진 모습이라고 말하기도 한다.

4) 선비정신이 그대로 드러난 추사의 세한도

국보 180호 '세한도(歲寒圖)'는 추사 김정희의 대표작으로 그가 59살 때인 1844년 제주도 유배 당시에 그린 그림이다. 그림은 수묵과 마른 붓질, 그리고 글자 획의 감각만으로 그려졌으며, 옆으로 긴 화면에는 집 한 채와 주위에 소나무와 잣나무만을 간략하게 그렸을 뿐 나머지는 여백으로 남겼다. 특히 빳빳한 털로 만든 붓인 갈필(渴筆)로 형태의 대강만을 간추린 듯 그려 한 치의 더함도 덜 함도 용서치 않는 강직한 선비의 정신이 그대로 드러나 있다. 이처럼 극도로 생략 절제된 그림은 문인화의 특징으로, 작가는 직업화가들의 인위와 겉치레 기교주의에 반발, 의도적으로 이와 같은 수법을 쓴 것으로 보인다. 조선시대 문인화의 가장 대표적인 작품으로 평가된다.

이 그림에는 "날씨가 차가워진 후에야 소나무와 잣나무의 푸름을 안다(歲寒然後知松柏之後凋也)"라는 발문(跋文, 책이나 그림의 끝에 그림의 뜻이나 그린 뜻을 간략하게 적은 글)이 보인다. 사제 간의 의리를 저버리지 않고 멀리 중국에서 구해온 귀한 책들을 들고 그를 찾아온 제자 이상적에게 고마움을 담아 소나무와 잣나무에 비유하여 그려준 그림이다.

5) 손가락이나 손톱에 먹물을 묻혀서 그린 그림, 지두화

▲ 최북의 〈풍설야귀도〉

영화 '취화선' 가운데 오원 장승업이 술에 취해 손가락으로 원숭이를 그리고, 다음날 깨어 자신의 지두화를 보고 놀라는 장면이 나온다. 그 지두화를 잘 그린 화가가 또 있다. 그림을 그리라는 협박에 굴하지 않고, 자신의 눈을 찔러 애꾸가 된 조선 영조 때의 화가 최북이 바로 그다. 그는 의미 있는 그림을 선물했을 때 반응이 변변치 않으면 두말없이 그림을 찢었으며, 의미 없는 그림에도 반색을 보이면 도리어 뺨을 치고, 받은 돈을 돌려주었다고 한다. 최북은 사회에 대한 반항과 부정으로 기존의 통념에 도전한 대신 그의 삶은 늘 고독했다.

이런 최북의 삶은 '풍설야귀도(風雪夜歸圖)'에 잘 나타난다. 눈보라 치는 겨울 밤, 귀가하는 나그네는 거칠게 휘몰아치는 눈보라 속을 헤치고 의연히 걸어간다. 그림 속 나그네는 어쩌면 거침없는 성격과 고달픈 인생의 최북 자신인지도 모른다. 이 그림은 붓 대신에 손가락이나 손톱에 먹물을 묻혀서 그린 그림인 지두화(指頭畵)이다. 이 그림을 그린 그의 손놀림에 불같은 삶이 더해진 것은 아닐까?

어해도(魚蟹圖) – 물고기나 게 따위의, 물에 사는 동물을 그린 그림

초충도(草蟲圖) – 풀과 벌레를 소재로 그린 그림

화조도(花鳥圖) – 꽃과 새를 주제로 그린 그림

영모도(翎毛圖) – 새나 짐승 등 털이 있는 짐승을 그린 것

기명절지화(器皿折枝畵) – 도자기나 청동기 등 각종 그릇 종류에
연꽃, 국화, 매화 가지를 곁들인 그림

6
술에 취해 그림을 그렸던 조선의 화가들

< 조선의 대표적 주당 화가들 >

① 단원 김홍도 – 호 취화사(醉畵士)
② 연담 김명국 – 호 취옹(醉翁)
③ 호생관 최북 – 눈밭에서 술에 취해 얼어 죽었다.
④ 낙파 이경윤 – 술에 취해 낮잠을 즐기는 선비 그림의
　　　　　　　　'수하취면도(樹下醉眠圖)'
⑤ 오원 장승업 – 술에 취해야 그림을 그리던 화가

　김후신은 '대쾌도(大快圖)'를 그렸는데 만취한 선비가 흐느적거리면서 '갈 지(之)' 자로 걷고 친구들이 부축하는 그림이다. 어쩌면 대쾌도는 술 취한 그림이지만 이는 술 취한 사회를 비웃는 김후신의 뜻이 담

겨 있음이 아닐까? 당시는 살벌한 금주령이 내려진 영조임금 시대였다. 심각한 사회 문제를 일으키는 술을 빚거나 마시는 것을 엄하게 다스리던 시절. 하지만 금주령 앞에 희생당하는 건 양반이 아닌 일반 백성이었다. 입에 풀칠도 제대로 못하는 백성은 술을 빚어 팔았다고 잡혀가고, 몰래 술 마셨다고 잡혀가지만 금주령이 내려진 대낮에도 양반들은 거리낌 없이 술을 마셨던 것이다. 양반은 취하고 처벌은 백성이 받고, 그림 속 배경인 나무들이 이런 광경을 흘겨보는 양 묘사한 김후신의 번득이는 재치다.

이름을 날렸던 조선의 많은 유명 화가들이 이렇게 술에 빠졌던 까닭은 무엇일까? 술이 아니고는 붓을 잡을 수 없는 그 무엇이 있는 것일까? 술독에 빠진 화가들은 어쩌면 의식과 무의식 중 어느 한 쪽에서도 예술에 대한 영감을 놓지 않았을 것이다.

7

옛 그림을 제대로 보기 위한
기본상식

KBS-1TV "진품명품" 프로그램에 '민족혼의 화가' 박생광 선생의 "탈"이란 그림이 출품된 적이 있었다. 그 그림 아래쪽에 "곱일열 백삼천사 라나 내"라는 글씨가 쓰였는데 이를 출연자가 왼쪽부터 읽었다. 우리의 옛글과 그림은 오른쪽에서부터 시작한다는 것을 몰랐기 때문이다. 제대로 읽으면 "내 나라 사천삼백 열일곱"이 되며, 그린 날짜를 쓴 것이다. 순천 선암사에는 대표적인 옛 절집 화장실이 있는데 여기엔 "깐뒤"라는 글씨판이 붙어 있다. 이 역시 "깐뒤"라고 읽으면 안 되고, "뒤깐"이라고 읽어야 "뒷간" 곧 화장실인지 안다. 옛글과 그림을 읽을 때 주의해야 할 일이다.

우리의 옛 그림을 올바르게 감상하기 위한 기본

① 작품 크기의 대각선 또는 그 1.5배 만큼 떨어져서 볼 것
② 오른쪽 위에서 왼쪽 아래로 쓰다듬듯이 바라볼 것
③ 마음의 여유를 가지고 세부를 찬찬히 뜯어볼 것
④ 옛사람의 눈으로 보고, 옛사람의 마음으로 느낄 것

제8장
한양 궁궐음식과
백성음식

1
조선시대의 진귀한 음식들,
궁중 수라상

1) 초조반

탕약이 없는 새벽에는 죽상을 차린다. 죽은 계절에 따라 여러 가지 부재료를 넣고 끓인다. 원죽(粒粥 입죽:불린 쌀을 통으로 쑤는 죽)·흰죽·전복죽·원미죽(쌀을 갈아 싸라기로만 쑨 죽에 설탕·약소주를 타고 얼음으로 차게 식힌 죽)·장국죽(쇠고기로 끓인 맑은 장국에 쌀을 넣고 끓인 죽)·버섯죽·잣죽·타락죽(우유죽)·깨죽 따위가 있다. 죽에 따르는 반찬은 젓국조치와 동치미·나박김치·마른찬·간장·소금·꿀 등으로 간단하게 차린다. 죽은 병자음식이 아니라 몸을 보하는 음식이다.

2) 수라상

임금과 중전이 평소에 아침과 저녁으로 받는 밥상의 이름. 아침수라
는 10시 무렵, 저녁수라는 저녁 6~7시에 올린다. 수라상에 밥은 흰쌀
밥과 팥밥, 두 가지를 올리는데 팥밥은 붉은팥을 삶은 물을 밥물로 하
여 지은 것으로 홍반이라 한다. 밥은 왕과 왕비용으로 곱돌솥에 안쳐
서 화로에 참숯을 피워 짓는다. 수라상 원반에는 흰밥과 미역국을 짝
으로 올리되, 팥밥과 곰탕은 책상반(册床盤, 보조수라상)에 놓았다가
원하면 바꾸어 올린다.

찌개는 맑은조치[조치:바특하게 만든 찌개나 찜]와 토장조치의 두 가
지를 작은 뚝배기에 끓여서 그대로 올린다. 맑은조치는 간을 소금·새
우젓국·간장 등으로 맞추고, 토장조치는 된장이나 고추장으로 맞춘
다. 전골도 주재료에 따라 여러 가지가 만들어진다. 김치는 동치미·배
추김치·깍두기 등 세 가지를 차린다. 장류는 간장·초장·초고추장·새
우젓국·겨자즙 등을 종지에 여러 개를 담아서 놓는다. 숭늉이나 오곡
차도 준비한다.

반찬은 조리법과 주재료가 겹치지 않게 12가지를 만든다. 그 12가지
는 고기·생선·산적·누름적 등 더운구이, 김·더덕·북어 등 찬구이,
전유어(얇게 저민 고기나 생선 따위에 밀가루를 바르고 달걀을 입혀
기름에 지진 음식), 쇠고기나 돼지고기의 편육, 나물, 생채, 조림, 젓
갈, 장아찌 등의 마른찬과 수란(달걀을 깨뜨려 끓는 물에 넣어 반쯤

익혀서 초장을 친 음식)·회·강회(미나리나 파를 데쳐서 만든 회) 등의 별찬에서 두 가지이다. 수라상은 임금과 왕비가 같은 온돌방에서 겸상을 하지 않고 각각 상을 받는다.

대원반(크고 둥근 소반)에는 임금이 쓸 잎사시(은수저) 두 벌을 놓고, 왼쪽에는 뼈·가시 등을 버리는 토구(吐口) 또는 비아통이라 부르는 그릇을 놓는다. 소원반에는 잎수저 한 벌, 상아젓가락 한 벌을 놓고, 공기와 공접시를 세 벌씩 놓아 기미상궁과 수라상궁이 시중들 때 쓴다. 책상반에도 잎사시와 상아젓가락을 각 한 벌씩 전골용으로 놓는다. 궁중에서는 오월 단오부터 팔월 한가위 전까지는 자기를 쓰고, 가을·겨울에는 은그릇이나 유기를 쓴다.

소원반 앞에는 기미상궁이 앉아서 왕이 음식을 들기 전에 먼저 음식에 문제가 없는지 먼저 먹어 본다. 기미상궁은 임금이나 왕비를 어릴 적부터 모셔온 사람이 맡는다. 중전의 기미상궁은 보통 친정에서 함께 들어온 상궁이 맡는다.

3) 낮것상, 어상, 입맷상

※ 낮것상

점심을 궁중에서는 낮것이라 한다. 평일에는 과일·과자·떡·화채 등의 다과반 차림을 하거나 미음·응이(녹말죽)를 차린다. 종친이나 외척의 방문이 있을 때는 장국상을 차린다.

※ 어상

나라에 경사가 있을 때에 임금이 받는 상으로 망상(望床)이라고도 한다. 음식을 높이 괴어서[高排] 화려한 장식을 한 다음 올린다. 고배는 잔치의 규모에 따라 그 높이가 달라진다. 의식이 끝나면 고배한 음식을 종친과 당상관의 집으로 고루 내린다. 민간에서 혼인잔치·회갑잔치에 고배하는 것도 궁중 잔치의 고배음식을 차리는 풍습을 따른 것이다.

※ 입맷상

잔치에 의례로 차리는 고배상은 그 자리에서 허물어 먹는 것이 아니라 직접 먹을 수 있는 상을 따로 차린다. 이것을 입맷상 또는 몸상이라고 한다.

4) 조선 임금의 수라상은 '12첩 반상'이 아니었다

조선시대 백성은 초근목피로 연명하는 사람이 많았지만 양반가는 사정이 달랐다. 엄청난 인기를 누렸던 드라마 〈대장금〉을 보면 궁궐의 온갖 화려한 음식이 등장한다. 그런데 그동안 우리는 조선시대 임금의 수라상이 반찬만 12가지인 '12첩 반상'이라고 배웠다. 하지만, 이는 과장된 것이다.

정조임금이 화성에서 어머니 혜경궁 홍씨를 위해 환갑잔치를 벌였는데 이때의 모든 내용이 ≪원행을묘정리의궤(1795)≫에 기록되어 있다. 이때 먹었던 잔치 음식이 "7첩반상"인데 반찬이 7가지가 아니라 장을

뺀 밥, 탕, 조치(찌개나 찜), 김치를 올렸으며, 반찬으로 양념 된 생선이
나 고기를 대꼬챙이에 꿰어 불에 구운 음식인 적(炙), 젓갈, 자반 등의
3가지만 먹었다. 조선 임금의 식생활은 대부분 검소했으며, 평소 아침
엔 죽을 먹었고, 가뭄이나 수해, 돌림병이 나면 임금이 물을 만 밥을
먹거나 음식을 입에 대지 않았다. 갑오경장 이후 화려한 식생활로 바
뀐 것을 조선 전체의 관습으로 보지 말아야 한다.

5) 궁중 잔치음식은 대령숙수가 만든다

궁중에서는 음식을 한 곳에서 만들지 않는다. 중전·대비전·세자빈
의 전각 등 각 전각마다 주방상궁이 딸려서 각각 음식을 만들어 올렸
다. 각 전각의 음식을 만드는 부서로는 생과방(生果房)과 소주방(燒廚
房)이 있었다. 생과방은 평상시의 수라 이외에 제호탕·잣죽·깨죽·낙
죽 등과 각종 전과·식혜·다식·떡 등 음료와 과자를 만드는 부서로 잔
치 음식의 다과류도 이곳에서 만들었다.

소주방은 내소주방과 외소주방으로 나누어진다. 내소주방은 평소 수
라를 관장하는 곳이다. 외소주방은 잔치음식을 만드는 곳으로서, 궁궐
의 다례나 대소 잔치는 물론 윗사람의 생일에도 잔칫상을 차렸다. 이
밖에 잔치를 위하여 임시로 설치하는 숙설소(熟設所)가 있었고 이때음
식을 조리하는 남자조리사를 "대령숙수(待令熟手)"라고 한다. 대령(待
令)이란 왕명을 기다린다는 뜻이고 숙수(熟手)는 조리사를 일컫는 말
이다.

이들은 궁중음식을 맡은 이조(吏曹) 사옹원(司饔院)에 속해 있었으며 총책임자는 정3품의 제거라는 벼슬이었다. 대령숙수는 세습에 의해 대대로 이어졌고, 궁 밖에 살면서 궁중의 잔치인 진연(進宴)이나 진찬 때 입궐해 음식을 만들었다. 솜씨가 좋은 대령숙수는 임금의 사랑을 받기도 했다. 나라의 잔치인 진연 때는 진연도감(進宴都監)이 일시로 설치되고 숙설소(熟設所) 곧 궁중에서 큰 잔지를 준비하려고 임시로 세운 주방을 세운다. 숙설소에는 감관이 파견되고 40~50명에 이르는 숙수가 음식을 담당하였다.

2

궁궐과 양반들이 마시던
전통차

1) 즈믄해 넘게 마셔온 전통차

조선시대 다산 정약용은 물론 추사 김정희와 초의선사가 무척이나 즐겼던 전통차는 삼국시대에 인도나 중국에서 들어와 정착된 것으로 보인다. 그럼 처음 차가 우리나라에 들어온 것은 언제일까? 지금 일반적으로 알려진 것은 김부식이 쓴 ≪삼국사기≫의 기록이다. "처음 차가 들어온 것은 신라 27대 선덕왕(632~647)이며, 처음 차 씨앗이 뿌려진 것은 신라 42대 흥덕왕 3년(828)에 대렴이 임금의 명으로 당나라에서 가져온 씨앗을 지리산 부근에 심었다." 이것이 그동안 정설처럼 알려진 차 전래의 시작이다.

하지만, 최근엔 김부식의 ≪삼국사기≫ 기록은 사대주의 시각이며, 실제는 그 이전에 들어왔다고 주장하는 이들이 생겼다. 우선 일부 내용이 일연의 ≪삼국유사≫에 전한다는 ≪가락국기(駕洛國記)≫에 "인도 아유타국 공주인 허황옥(許黃玉, 33~89)이 금관가야의 왕비로 시집오면서 차씨와 차를 가져왔다."라는 기록이 그것이다. 또 같은 책에는 가락국 시조 수로왕 제사에 차(茶)를 제수품목에 넣은 것으로 나온다. 이해는 서기 661년으로 흥덕왕 3년에 들어왔다는 기록과 관계 있는 육우(733~804)가 태어난 해보다 무려 72년이 앞선 것이다. 또 일제강점기 역사학자이며 민속학자인 이능화(李能和, 1869~1943)의 ≪조선불교통사(朝鮮佛敎通史)≫에서도 "김해 백월산에는 〈죽로차〉가 있었는데 세상에서는 가야의 수로왕비 허씨가 인도에서 가져온 차씨를 심어서 된 것"이라는 기록도 이를 뒷받침한다. 이 밖에도 신라 스님 충담(忠談), 지장(地藏), 원효(元曉) 등의 기록에도 차를 가져왔다는 것으로 보아 대렴이 가져왔다는 설보다 훨씬 이른 시기에 차가 들어왔으며 어떤 기록을 근거로 하더라도 우리나라에 차가 들어온 것은 1,200년이 넘는 역사이다.

2) 녹차와 다도, 일본서 역수입된 것들

순천 금둔사 주지이며, 살아 있는 차의 성인으로 불리는 지허스님은 "녹차는 일본에서 역수입된 차입니다. 분명히 전통차는 따로 있습니다. 물론 녹차를 없애자는 것도, 나쁘다는 것도 아닙니다. 다만, 전통차와 다른 녹차를 전통차라고 말하는 것은 잘못입니다."라고 말한다. 스님은 결코 녹차의 가치를 깎아내리려는 생각이 없다. 야생차는 재배하지 않으니 양도 적고, 일일이 손으로 덖기에 값이 비쌀 수밖에 없어

값싼 녹차의 효용성을 부인하지 못한다는 것이다.

　현재 우리나라에서 자라는 차나무는 야부기다종이 85%, 변종이 10% 정도이며, 토종은 5% 내에 불과하다고 한다. 우리의 전통차는 녹차와 품종부터 다르다. 일본에서 개량한 야부기다종 녹차는 뿌리가 얕고 잎이 무성하다. 그래서 대량생산하기에 알맞으며, 값싸게 차를 마실 수 있는 장점이 있다. 하지만, 뿌리가 얕으니 화학비료를 줄 수밖에 없다는 걸림돌이 보인다.

　이에 견주어 우리 토종 야생차는 뿌리가 곧고, 땅 위의 키보다 3~4배나 더 깊게 들어가는 품종이다. 그래서 암반층, 석회질층에 있는 담백한 수분, 무기질을 흡수하여 겨울에 더 푸르고, 꽃이 핀다. 그 때문에 녹차보다 우리의 전통차가 깊은맛이 있는 것이다. 순천 선암사와 금둔사, 벌교의 징광사, 보성의 대원사 주변에 남아 있는 것이 토종야생차이다. 이 야생차도 물론 순수한 토종 차나무는 아니며, 삼국시대에 전래한 차가 천여 년을 지나면서 풍토화한 것이다. 원래의 자생차는 백두산에서 나던 '백산차(白山茶)'가 있었다는 말도 있다.

　가끔 '헌다례(獻茶禮)' 하는 것을 본다. 아름다운 다도 음악과 함께 가부좌 자세로 앉아 차를 우리고 따른다. 그런데 지허스님은 역시 이 다도를 일본식이라고 지적한다. 무릎을 꿇고 마시라고 하는 것은 차를 마셔보지 못한 사람이 거부감을 느끼게 하는 문제가 있다. 그저 편하게 마시는 것이다. 물론 우리나라도 예전에 부처님과 조상에게 차를 바치던 헌다례 의식은 있었지만, 조선시대 차의 성인이며, 절친한 벗이었던 초의스님과 추사 선생이 무릎 꿇고 마셨다는 얘기는 들어본 적이 없다. 벗과 함께 이야기를 나누며, 차를 마시는데 그저 편하게 색깔과 향과 맛을 음미하면 그뿐이다. 일본은 우리에게 받아간 문화들을 모두 극진히 모셨는데 바로 바둑, 도자기, 차 등이 그것이다. 바둑도 무릎을 꿇고 두며, 차도 무릎을 꿇고 마시며, 차에도 존칭을 붙이는데 우리가 그걸 따라갈 필요는 없지 않을까? 어떤 사람은 옛날 일본 지배자들이 칼을 쓰던 사람들이어서 예의를 강조할 필요성 때문에 다도를 만들고 이를 따르도록 했을 것이라고도 한다.

3) 차의 종류는 어떤 것들이 있을까?

차는 가공방법과 마시는 방법, 발효 정도, 찻잎을 따는 때, 그리고 생산지에 따라 구분한다.

① 가공방법에 따른 나눔

* 덖음차 : 우리의 전통차가 바로 덖음차인데 솥에 불을 때면서
  비비듯이 가공한다. 이 덖음차를 중국에서는 초청차
  (炒靑茶), 일본에서는 부초차(釜炒茶)로 부른다.
* 찐차 : 찐차는 한자말로 증제차(蒸製茶)라고 하는데 쪄서 가공
  하는 차를 말하며, 대표적인 것이 녹차다.
  하지만, 국내에서 가공되는 녹차는 찌기와 덖기를 섞는다.

② 마시는 방법에 따른 나눔

* 잎차 : 잎을 우려낸 물을 마시는 것
* 가루차(抹茶) : 가루로 만들어 따뜻한 물을 부어 거품 만들어 마신다. 물 대신 요구르트 등을 붓기도 한다. 가루차는 잎을 통째로 마신다는 점에서 장점이지만 만일 농약을 친 찻잎이면 마셔서는 안 된다.

③ 발효 정도에 따른 나눔

* 불발효차(비발효차) : 전통차와 녹차는 발효시키지 않는다.
* 반발효차 : 포종차, 우롱차
* 발효차 : 홍차
* 후발효차 : 떡처럼 만들어 20년 이상 발효시킨 보이차. 보이차는 원래 20년 발효된 것을 명차로 치는데 유통되는 것 가운데는 날짜를 고치거나 발효방법을 변형한 것들도 있어 고르는데 조심할 필요가 있다.

④ 찻잎을 따는 때에 따라 나눔

찻잎 따는 때에 따라 전통차와 녹차가 다르다.

전통차는 24절기 중 청명 전에 따는 명전차(明前茶)가 있고, 봄차(춘차:春茶), 여름차(하차:夏茶), 가을차(추차:秋茶)들이 있다. 녹차는 곡우 전에 따는 우전차(雨前茶)가 최상품이며, 5월 초순에 다는 세작(細雀)을 주로 마시고, 그 이후에 따는 중작, 대작은 물 대신 마시는 엽차로 쓰며, 첫물차 두물차로도 나눈다.

⑤ 생산지에 따른 나눔

한국의 보성, 화개, 해남차가 있으며, 중국의 육안, 용정, 무이차가 있고, 일본의 우지차, 사야마차, 시즈오카차가 유명하다.

⑥ 별명으로 부르는 차 종류

  ＊ 작설차(雀舌茶) : 여린 찻잎이 참새의 혀와 닮았다는 뜻

  ＊ 감로차(甘露茶) : 아침이슬이 가시기 전에 찻잎을 따서 만든 차

  ＊ 죽로차(竹露茶) : 대나무숲에서 이슬을 먹고 자란 잎으로 만든 차

  ＊ 춘설차(春雪茶) : 봄눈이 채 녹기 전에 돋아난 여린 잎으로 만든 차

  ＊ 응조차(鷹爪茶) : 매의 발톱과 닮았다는 뜻

  ＊ 맥과차(麥顆茶) : 보리의 알을 닮았다는 차

어떤 사람들은 우리의 전통차는 외면하고, 보이차 등 비싼 다른 나라의 명차만 마시기도 한다. 그런데 차도 신토불이여서 제 땅에서 토착화된 차가 우리의 몸에 더 잘 맞는다는 걸 잊으면 안 된다.

4) 차를 마시면 얻는 효과들, 그리고 차 음식

세계의 식품영양학자들과 의사들이 밝힌 차의 연구 결과 가운데 중요한 것은 항암효과다. 미국 퍼듀대학의 부부과학자인 도로시 모어 박사와 제임스 모어 박사는 1998년 차에 에피갈로카테친 갈라트(EGC-g)라는 물질이 들어 있다고 발표했다. 모어 박사 부부는 미국세포생물학회 학술회의에서 발표한 연구보고서에서 정상세포는 성장호

르몬의 신호에 따라 분열을 할 때에 한해 녹스(NOX)라는 효소를 분비하는데 암세포는 때를 가리지 않고 언제나 녹스를 생산하는 능력을 지니고 있으며, 이처럼 종양과 관련된 활동을 하는 녹스를 티녹스(t-NOX)라고 한다고 밝혔다. 그런데 차에 있는 에피갈로카테킨 갈레이트(EGC-g)가 정상적인 녹스는 건드리지 않고 티녹스만 억제한다는 사실을 알아냈다. 모어 박사는 차는 다른 차보다 에피갈로카테킨 갈레이트(EGC-g)가 훨씬 많이 들어 있으며 이는 몸속에서 항암효과를 일으키기에 충분한 양이라고 한다.

차가 지방을 비롯한 전체적인 열량을 태우도록 함으로써 몸무게를 줄이는 효과가 있다는 연구 결과도 나왔다. 스위스 제네바대학의 압둘둘로 박사는 미국의 '임상영양학'에 발표한 연구보고서에서 날씬한 사람부터 약간 과체중인 사람까지 평균연령 25세인 건강한 남자 10명을 대상으로 한 실험을 했다. 그 결과 차에 들어 있는 자연성분인 플라보노이드가 카페인과 상호작용을 일으켜 신경전달물질인 노레피네프린의 활동에 변화가 발생하면서 열량 연소량이 증가한다는 사실을 발견했다고 한다.

그뿐만 아니라 전자파 방어 효과가 있고, 폴리페놀은 떫은맛을 내며, 여러 가지 물질과 쉽게 결합하는 성질을 가지고 있어 중금속 제거, 항산화·함암·해독 등의 약리작용을 한다. 또 류마티스성 관절염의 증세를 가라앉히는 데 효과가 있다. 어떤 사람들은 커피처럼 카페인이 들어 있다고 걱정한다. 하지만, 차의 카페인은 커피의 카페인과는 달리

카데닌·데아닌이라는 다른 성분과 결합하여 몸 안에 쌓이지 않고, 소변으로 쉽게 빠져나가기 때문에 문제가 없다.

차에 들어 있는 성분인 타닌산은 콜레스테롤 저하, 혈압상승억제, 단백질 침전작용이 있으며, 이밖에 비타민C는 생체기능의 활성화, 괴혈병 예방, 비타민E는 생식기능의 촉진과 노화예방, 루틴은 혈관벽의 강화, 불소는 충치예방, 프라보노이드는 입냄새를 제거해 준다고 한다.

또 찻잎은 생활 속에서도 유용하게 쓰이는데 설거지를 할 때 세제 대신으로 쓰기도 하며, 장롱에 넣어두면 곰팡이를 억제하고, 생선 비린내를 없애준다. 운전할 때 찻잎을 씹으면 멀미와 졸음을 쫓아 주며, 우려 마신 찻잎을 말려 두었다가 불을 붙여 태우면 모기와 각종 벌레까지 쫓을 수 있고, 모기에 물리면 찻물을 진하게 우려 물린 곳에 발라 주면 붓지도 않고 독성이 쉽게 풀린다. 찻잎은 소독과 지혈작용을 하며, 발이 삐었을 때 젖은 찻잎을 환부에 발라 두면 부기가 빠지고, 샴푸 대신이나 목욕할 때 써도 좋다. 화분에 거름으로 주거나 말려서 베갯속을 하며, 무좀에는 차를 진하게 끓인 뒤 적셔서 환부에 붙여 두거나 세숫대야에 차 끓인 물을 넣고 발을 담그면 좋고, 탈취제로도 쓰기도 한다.

하지만, 이렇게 좋은 차도 언제나 좋은 것만은 아니므로 주의해야 한다. 차의 성질이 차기 때문에 배나 손발이 찬 사람은 많이 마시면 몸이 더욱 차가워질 염려가 있다. 또 저혈압인 사람도 차가 혈압을 낮춰주는 효능이 있기 때문에 많이 마셔서는 안 된다.

찻잎은 그저 우려 마시기만 하는 것이 아니다. 차를 이용하여 차나물 돌솥밥, 차 볶음밥, 차송편, 차화전, 차강정, 차죽, 차삼계탕, 차수제비, 차칼국수, 차생선구이 같은 음식을 해먹으면 맛과 영양이 어우러지는 훌륭한 음식이 된다. 또 라면에 찻잎을 조금 넣어서 끓이면 훌륭하며, 술, 아이스크림, 푸딩, 유산균 음료를 만드는 데 넣어도 좋다.

5) 우리를 행복하게 하는 차 마시기

"우리 겨레는 숙우에 찻잎이 천천히 퍼지면서 향기와 맛을 남기는 가운데 자신을 돌아보아 밝음과 어두움을 보고 자신의 분에 맞는 푸근한 삶의 지름길을 터득하였다."라고 한 보윤스님의 말씀을 찻잔을 기울이기 전에 꼭 한번 생각해 보면 좋을 일이다.

또 초의선사는 "예부터 성현이 다 차를 사랑하는데 차는 군자와 같아서 성품이 사특하지 않다(古來賢姓俱愛茶 茶如君子姓無邪)"라고 했다.

차 한 잔을 음미하면서 건강과 함께 잃어버렸던 자아를 찾을 수도 있으리라. 물을 식히면서 자신의 마음을 가라앉히고 그 은은한 다갈색 빛깔이 나에게 와서 하나 되면 드디어 우리는 세상과 하나 됨을 느낄 수 있으리라. 행복이란 것이 분명히 마음 안에 있을진대 한 잔의 찻잔에 담긴 맛과 향을 차분하고 조용한 기분으로 느끼면 좋지 않을까?

3
백성의 음식

1) 조선시대 가난한 백성 무얼 먹고살았나?

"해주 인민들이 흙을 파서 먹는 자가 무릇 30명이나 되었으며, 장연현에서는 두 사람이 흙을 파서 먹다가 흙이 무너져 깔려 죽었다." 위는 세종실록 26년(1444) 4월 26일 기록이다. 얼마나 먹을 게 없으면 흙까지 먹었을까? 조선시대 일부 양반가는 호화롭게 음식을 장만하여 먹기도 했지만 대부분의 가난한 백성은 이렇게 가뭄과 큰비로 흉년이 들면 먹을 것이 없어 흙까지 먹을 정도였다.

조선왕조실록에는 이런 백성의 굶주림에 관한 이야기가 자주 등장한다. 가장이 먹고살 것이 없자 자살하거나 식구를 버리고 도망간 것은 물론 자식을 팔아 끼니를 이었다는 기록도 보인다. 또 먹거리 대신 목화씨를 먹고 죽었다는 기록도 있으며, 심지어 사람을 죽여서 그 고기를 먹었다는 이야기도 있다. 영조실록에 보면 가난한 백성을 구제하는 기관인 경상도 진휼장(賑恤場)에는 굶은 백성이 17만 9천8백 65명, 떠도는 거지가 1만 1천6백 85명, 사망자가 1천3백 26명이었다."라는 기록이 있을 정도로 굶는 백성의 숫자가 많았다.

먹을 것이 턱없이 모자라는 겨울엔 궁여지책으로 세끼 밥을 두 끼로 줄였다. 그리고 겨울철엔 나무 한두 짐씩 하는 것 외에 심한 농삿일은 없기 때문에 세끼 밥 먹기가 죄스러워 점심 한 끼는 반드시 죽을 먹었다는 이야기가 전해진다. 또 죽을 먹은 이유로는 양식이 있는 겨울에 아껴서 돌아오는 보릿고개를 잘 넘기려는 의지도 들어 있다. 먹을 게 부족한 사람들이 곡식 대신 먹을 수 있는 것들을 구황식품이라고 했다. 우리나라에 자생하는 구황식품은 무려 851종이고, 농가에서 평소에 먹는 것만도 304종이었다. 그 가운데 소나무껍질, 솔잎, 솔방울, 도라지, 칡, 도토리, 달래 같은 나물 종류, 느릅나무 잎, 개암 따위는 인기 먹거리 품목이었다.

2) "보릿고개"라는 말의 시작

선진국 대열에 들어섰다고 하는 지금도 여전히 굶는 사람들은 있다. 그런데 50~60년대 까지만 해도 지금보다 훨씬 많은 사람이 며칠씩 굶기가 일쑤였다. 그래서 그 당시엔 "보릿고개"라는 말이 언론에 자주 등장했었다. 그러면 그 "보릿고개"란 말은 언제부터 생겼을까?

≪조선왕조실록≫에도 보릿고개를 뜻하는 말이 나오는데 물론 한자로 쓰여 있다.

맨 먼저 보이는 것은 세조실록 4년(1458) 2월 7일의 춘기(春饑)인데 "봄철의 가난함"을 뜻한다. 또 명종 11권, 6년(1551) 1월 18일의 "궁춘(窮春)"이란 말이 나오는데 이 "궁춘"이 가장 많이 나온다. 그밖에 명종 21년(1566) 2월 23일의 "춘빈(春貧)", 현종 3년(1662) 3월 14일의 "춘기(春飢)", 숙종 5년(1679) 3월 6일의 "춘기근(春飢饉)", 숙종 42년(1716) 8월 8일의 "춘궁(春窮)", 고종 3년(1866) 3월 26일의 "궁절(窮節)" 등 다양한 이름으로 불렸다.

특히 "보릿고개"라는 이름으로 딱 들어맞는 "맥령(麥嶺)"은 정조 5년(1781) 11월 29일 등 정조 때만 세 번 나온다. 또한, 일제강점기 기록에도 보이는데 1931년 6월 7일 자 동아일보의 "300여 호 화전민 보리고개를 못 넘어 죽을 지경"이라는 기사가 그것이다.

따라서 "보릿고개"는 50~60년대에 생기거나 그때 처음 불린 것이 아니라 이미 조선시대부터 쓰이던 말인 '맥령'을 우리말 '보릿고개'로 바꾼 것이다.

▶ 정조실록 22년(1798) 7월 27일 기록에 나오는 "맥령(麥嶺)"

4

누룽지,
비만을 극복하는 또 다른 희망

40대 이후 세대는 '누룽지'에 대한 아련한 추억이 있다. 예전에는 군 것질거리도 별로 없고, 용돈 타기도 어려울 때여서 어머니가 긁어 주시 는 누룽지는 최고의 군것질거리였다. 가마솥에서 박박 긁을 때부터 퍼 져 나오는 누룽지의 구수한 냄새는 가히 일품이다. 그것은 분명히 우 리 냄새요, 우리만의 맛이다. 또 누룽지에 물을 붓고 끓인 숭늉은 최 고의 음료수다.

요즘 상품으로 판매되는 누룽지는 일정하게 눌려 전체가 노랗지만, 옛날 어머니가 긁어 주시던 진짜 누룽지는 글자 그대로 까맣고 누런 부분이 섞여 있는 깜밥이었다. 옛날 서당에서 공부하기 싫은 학동들이 "하늘 천 따 지, 검을 현 누를 황" 대신 "하늘 천 따지 깜밥 눌은밥" 또는 "하늘 천 따 지 가마솥에 누룽지"라고 했다나.

밥은 어느 정도 익고 뜸이 드느냐에 따라 그 맛이 다르다. 나는 약간 진밥이 좋지만 누룽지는 더 좋아한다. 밥은 잘못 지어 설익은 밥이 있는가 하면 떡밥, 고두밥, 된밥, 진밥, 누른밥 등 여러 가지가 있다. 밥이 다 된 가마솥에서 밥을 퍼내고 나면 그 밑엔 고소한 누룽지가 향기로운 냄새를 풍긴다.

1) 누룽지는 쌀로 만든 뛰어난 군것질거리

허준의 ≪동의보감≫에 취건반(炊乾飯, 누룽지)에 대해 이렇게 기록되어 있다.

"음식이 목구멍으로 잘 넘어가지 않거나 넘어가도 위까지 내려가지 못하고, 이내 토하는 병증으로 오랫동안 음식을 먹지 못하는 병, 곧 열격(噎膈)은 누룽지로 치료한다. 여러 해가 된 누룽지를 강물에 달여서 아무 때나 마신다."

이처럼 누룽지는 약으로도 쓰였다. 누룽지는 쌀로 만드는데 쌀은 밀보다 일반 성분, 무기질, 비타민 같은 영양 성분이 조금 적지만 필수 아미노산 함량은 높다. 특히 성장기 어린이에게 좋은 라이신 함량은 밀보다 2배나 많다. 또 쌀이 밀보다 아미노산가와 단백가가 높아 소화 흡수율과 체내 이용률이 좋다.

식품영양학적으로 봐도 쌀은 밀보다 우수하다. 특히 쌀은 식이섬유의 공급원으로서도 중요한 역할을 하는데 식이섬유는 음식물의 장내 통과 시간을 단축해 비만과 변비의 예방과 치료에 효과가 있다. 또 쌀 눈에 많이 함유된 '가바' 성분은 신경을 안정시키고 지방분해를 촉진해 살빼기에 효과가 있다. 여기에 장 안의 콜레스테롤이 몸에 흡수되는 것을 막아줌으로써 혈중 콜레스테롤이 올라가는 것을 억제하여 동맥경화증과 허혈성 심장질환을 예방한다.

이것만 봐도 쌀이 건강에 좋은 것은 분명하다. 그러나 쌀이 아무리 좋다고 한들 누룽지는 쌀을 가공한 것이 아닌가? 쌀이 누룽지가 되면 어떤 변화가 생겨날까? 누룽지는 열을 가하기 때문에 열에 약한 비타민 등이 파괴된다며 여러 성분을 보강한 간편식(인스턴트식품)이 영양 면에서는 누룽지보다 더 좋다고 하는 사람도 있다.

하지만, 우리 몸에 잘 맞지 않는 밀가루로 만든 간편식보다는 쌀을 눌려 만든 누룽지는 소화 흡수에 좋을뿐더러 쉽게 먹을 수 있어 건강에 좋다. 또 누룽지를 씹어 먹으면 침샘에서 아미노산이 많이 들어 있는 침이 많이 나오고, 이빨을 자극하게 되면 콩팥(신장)을 튼튼하게 한다. 또 누룽지를 먹을 때 턱관절 운동을 하게 되는데 뇌에 자극을 주어 뇌혈관질환을 예방해주는 효과도 있다.

누룽지에서 생기는 또 다른 마실거리 숭늉도 있다. 예전 가난한 집의 며느리는 허구한 날 숭늉만 먹었지만, 그래도 몸이 허해지지 않았다고 한다. 그 까닭은 숭늉이 영양가가 많고, 숭늉 속에 들어 있는 에탄올은 강한 항산화 작용을 하여 산성체질을 알칼리성으로 중화시켜 건강을 지켜줬다는 것이다. 또 이 숭늉에는 '덱스트린' 성분이 많아서 소화를 잘 시킨다고 한다.

2) 바쁜 현대인들의 건강을 지켜줄 누룽지

현대인들은 매우 바쁘다. 아침밥을 챙겨 먹을 시간이 없어 간편하게 먹을 수 있는 간편식을 선호할 수밖에 없다. 그러나 여기 우리의 전통식품 누룽지가 있다. 물론 가마솥을 압력 밥솥으로 대체한 요즘에는 누룽지를 먹기가 쉽지 않다. 하지만, 즉석 라면처럼 끓는 물을 붓고 2~3분 뒤면 구수하게 먹을 수 있는 즉석누룽지가 나왔다. 또 누룽지를 만드는 기구도 판매한다.

요즘엔 누룽지가 다시 제법 인기를 회복하여 누룽지삼계탕, 누룽지백숙, 누룽지피자, 된장누룽지탕, 해물누룽지탕, 누룽지튀김, 누룽지탕수육 등의 다양한 음식이 새롭게 등장했다. 아침에 밥을 제대로 먹지 못하는 직장인과 학생들, 또 몸이 아파서 식사를 제대로 하지 못하는 환자들과 살이 쪄서 고민하는 사람들에게도 누룽지는 참 좋은 음식이다. 이런 좋은 전통 음식을 두고도 우리는 몸을 해치는 간편식에 빠져 있다. 참으로 안타까운 일이다. 누룽지를 먹는 일은 우리에게 또 하나의 행복이다.

다일천사병원을 운영하는, 누룽지를 좋아한다는 최일도 목사의 말이 생각난다.

"세상엔 때깔 좋은 흰밥 같은 사람도 있지만 그 밥이 맛있게 뜸들 때까지 뜨거운 바닥을 온몸으로 감싸 안으며 자신을 태우는 누룽지 같은 사람도 있구나. 모두가 흰밥처럼 살고 싶어 할 때 밑바닥에서 자신을 태워 누룽지같이 사는 사람도 필요하리라."

우리 모두 한 번쯤 생각해 볼 얘기가 아닐까? 그리고 보면 고생은 누룽지가 다하고 마지막 영화는 밥이 누리는 것 같다. 누룽지는 아무도 알아주지 않아도 불평 한마디 없이 구수함으로 또 다른 매력을 풍기는 음식이다.

우리의 얼굴은
원래 네모였다

▲ 한국인의 얼굴들(윗줄 왼쪽부터 시계방향/바위에 새긴 암각화, 산대놀이 왜장녀탈,
네모난 얼굴 윤두서 초상화, 장승, 얼굴무늬 수막새, 제주도 탐라인의 미소 수막새

1) 식생활의 변화에 따른 얼굴 형태의 변화

한국인의 얼굴은 어떻게 생겼나? 특히 옛 사람들 단군조선시대, 고려시대 사람들은 어땠을까? 궁금하지만 타임머신을 타고 옛날로 돌아가 보지 않는 이상 정확히 알 수가 없다. 다만, 전해지는 유물들을 통해 겨우 짐작할 따름이다.

충북 제천 점말에 있는 구석기 동굴유적인 용굴에서 출토된 뼈에 새긴 얼굴, 부산 동삼동 조개무덤(貝塚)에서 나온 조개껍데기, 그리고 강원도 양양 오산리에서 출토된 손으로 대충 눌러 만든 5센티미터 안팎의 흙으로 빚은 얼굴, 그리고 울산·고령 등 바위에 새긴 암각화에서도 옛사람들의 얼굴을 만날 수 있다.

또 치우천왕(蚩尤天王)의 얼굴이라고도 하는 도깨비기와(귀면와:鬼面瓦)와 '신라인의 미소'라 불리는 얼굴무늬 수막새(人面文圓瓦當), 역시 제주도에서 나온 얼굴무늬 수막새 '탐라인의 미소', 불교가 전래하면서 만들어진 숱한 불상과 고구려 고분벽화에 보이는 다양한 인물상, 신라 고분에서 출토된 토우들, 화려하고 섬세한 고려불화(高麗佛畵)나 조선시대 초상화, 풍속화, 탈춤에서 쓰는 탈바가지, 장승 등을 통해 그 시대를 살았던 우리 선조를 만나게 된다.

물론 그 그림이나 조각들이 상징성을 띠는 것일 수도 있지만 당시 사람들을 본으로 만든 것이기에 얼굴을 짐작할 수 있다. 치우천왕의 얼굴, 도깨비기와, 탈, 장승 따위는 무섭게 생겼지만, 한참 들여다보고 있으면 친근감이 든다.

장승은 대개 불거져 나온 눈, 감자모양의 큰 주먹코, 튀어나온 이빨에 모자를 쓰고 있다. 장승의 얼굴은 손자에게 옛날이야기를 들려주려고 일부러 험상궂은 표정을 지어 보이는 할아버지의 모습이며, 여자장승의 모습은 그대로 이웃집 할머니 얼굴이다. 권위와 위엄이 있어 보이기도 하지만 화사한 웃음기도 느낄 수 있으며, 전체적으로 비례가 맞지 않는 얼굴이어서 익살스럽기도 하다.

얼굴전문가 조용진 교수는 "식생활과 생활양식이 변화함에 따라 사람의 얼굴도 변하며, 따라서 미인의 가치 기준도 변했다."라고 한다. 100년에 한 번 나올까 말까 한 세기의 미인 사진을 몇 년 뒤 젊은이들에게 들이대면 '웬 미인?' 하고 고개를 갸우뚱거린다는 뜻이다.

보통 턱이 발달하면 '남자답다'고 하며, 여자가 그러면 '밉다'는 반응이 나온다. 예전에 얼굴이 퍼진 여자를 맏며느릿감이라고 좋아하던 가치관은 이제 사라지고 만 것이다.

다시 말하면 우리나라 미인관이 '하회각시탈'에서 '비너스'로 완전히 바뀌었다. 조 교수의 말에 따르면, 한국 여자 평균과 전통 미인의 얼굴 가로세로 비율은 1대 1.3인데 이는 하회각시탈의 가로세로비와 일치한다. 그래서 하회각시탈을 한국인의 얼굴이라고 하는 것이다. 하지만, 현대 미인상은 1대 1.5의 좁은 얼굴로 비너스 등 그리스 조각과 같다.

아이가 태어나면 대개 그 부모를 닮게 마련이다. 그러면 지금 우리의 얼굴이 몇 대를 거슬러 올라가서 조선시대 할아버지, 할머니의 얼굴과 닮았을까?

그런데 실제 우리 겨레의 얼굴 형태는 옛 선조와 많은 차이가 있다. 조선시대 선비들의 초상화에서 나타나는 얼굴 형태는 보통 눈꼬리가 올라가고, 광대뼈와 턱뼈가 튀어나와 얼굴이 넓은 것이 보통인데 요즈음은 서구인들처럼 눈꼬리가 처지고, 머리 부분이 커지며, 광대뼈와 턱뼈가 부드러워졌다는 것이 전문가들의 한결같은 분석이다.

그 까닭은 무엇일까? 그것은 식생활의 변화가 주된 이유라 한다. 옛날에는 주로 딱딱하거나 질긴 탄수화물(식이섬유) 중심의 밥 등을 먹었지만 요즈음은 부드러운 음식을 자주 먹는 데서 오는 신체구조의 변화다.

▲ 조선시대 초상화 / 신숙주, 이광사, 이항복(왼쪽부터), 한결같이 턱이 발달되어 있다.

2) 식생활 변화가 대장암 증가 원인

한국인 얼굴이 변한 것은 어떤 결과를 가져올까? 턱관절장애 전문의들은 "턱 운동이 활발하지 않으면 턱이 빠지거나 붓고 자꾸 아프다."라며 딱딱하거나 질긴 음식물을 오래 씹으라고 한다. 또 씹는 동안 턱과 이 운동이 큰골(대뇌)을 적절히 자극해 준다고 한다. 생각하는 것을 담당하는 큰골은 얼굴 근육을 지배하는 운동신경을 통해 자극할 수 있기 때문에 음식물을 오래 씹거나 껌을 자주 씹는 사람은 치매 발생률이 다소 떨어진다는 연구 결과도 있다. 씹는 행위는 노인뿐 아니라 아기들의 두뇌발달에도 간접적으로 도움이 되는 것이다.

얼굴이 변한다는 것, 곧 식생활은 턱관절과 두뇌에 영향을 미치는 것 말고도 더 큰 문제가 있다. 현대 한국인들은 밥량이 줄면서 대장암이 증가하고 있다. 한국인들의 장이 서양인들과 견주어 80cm가량 더 긴데, 이는 주로 쌀과 보리를 먹어 오던 오랜 식습관에 의한 결과다. 그런데 이 신체구조에 맞지 않는 서구식 식습관으로 바뀌면서 육류를 소화시키는 데 시간이 오래 걸리고, 그만큼 장에 노폐물이 쌓이면서 종양을 만들고 종양이 암으로 변질한다고 한다.

6

먹거리에 대한
올바른 상식

1) 밀가루는 우리의 주식이 아니었다

"밀가루는 서늘한 음식이기에 흡수가 잘 안 되고, 장에 오래 머물러 있기 때문에 장을 차게 해 좋지 않다. 또 밀가루가 기름과 만나면 장에 지방을 많이 끼게 하기 때문에 기름과 만난 밀가루는 더욱 피해야 한다. 우리의 주식은 쌀이다. 그것은 우리 몸엔 쌀이 잘 맞는다는 말이며, 의학적으로 보면 성질이 따뜻하고, 흡수가 잘 되는 음식이다."

한 한의원 원장의 말이다. 밀가루 음식을 가끔 먹는 것이야 상관없지만 주식으로 하면 문제가 생길 수 있음이다. 더구나 수천 년 동안 우리나라 땅과 기후에 토착화된 밀이 아닌 서양밀로 만든 밀가루는 우리 몸에 더 안 맞을 것이다. 거기에 더하여 서양밀가루가 재배할 때의 농약뿐만이 아니라 배에 실을 때 살균제와 살충제를 섞는다는 것이 사실이라면 더욱 큰 문제이다. 몇 년이 지나도 벌레가 살 수 없는 밀가루가 과연 사람 몸에도 괜찮을까?

또 다른 밀가루에 대한 상식을 더듬어 보자. 판소리 춘향가 사설 중에 "얼맹이 챗궁기(체구멍) 진가루 새듯"이란 대목이 나온다. 이 진가루, 곧 밀가루로 우린 국수를 만들어 먹는다. 그런데 ≪고려도경≫에서 "고려에는 밀이 적어서 중국에서 수입하고 있다. 따라서 밀가루 값이 매우 비싸 잔치 때가 아니면 먹지 못한다."라고 했다. 또 서명응이 1787년 펴낸 ≪고사십이집(古事十二集)≫에는 "국수는 본디 밀가루로 만든 것이나 우리나라에서는 메밀가루로 만든다."라고 기록되어 우리나라는 귀한 밀가루 대신 메밀가루나 녹두가루가 많이 쓰였음을 알 수 있다. 17세기 말의 요리책인 ≪음식디미방≫이나 ≪주방문≫에 메밀로 칼국수 만드는 방법이 소개되기도 했다.

2) 전과 빈대떡, 부침개의 차이

우리 전통음식 중에는 '전'과 '빈대떡', '부침개', '전유어', '지짐'이라는 비슷비슷한 것들이 있다. 어떤 차이가 있을까?

먼저 '부침개'는 번철(燔鐵:전을 부치거나 고기 따위를 볶을 때에 쓰는, 솥뚜껑처럼 생긴 무쇠 그릇)에 기름을 바르고, 부쳐서 익힌 음식들을 함께 일컫는 포괄적인 이름이다. 이 '부침개'는 크게 '빈대떡'과

'전'으로 나눈다.

이 가운데 '빈대떡'은 녹두로 만든 음식으로, 평안도는 '지짐이', 황해도는 '막부치', 전라도는 '부꾸미', '허드레떡', 서울은 '반자떡'이라고 부른다. ≪제민요해(齊民要解)≫에 "타원형의 갸름한 부침개를 떼어먹기 좋게끔 드문드문 저며 놓은 꼴이 마치 빈대와 같아서 '갈자(蝎子)'라 불렀다."라는 말이 보인다. ≪음식디미방≫과 ≪규합총서≫에 "빈쟈법", "빙쟈"가 나오는데 그것이 빈대떡이다.

그런데 이 빈대떡의 유래에 재미있는 이야기가 있다. 조선시대에는 흉년이 들어 먹을 것이 부족하면 가난한 유랑민들이 숭례문 밖으로 수없이 몰려들었다. 그때 어떤 부잣집에서는 이들을 위해 빈대떡을 만들어 소달구지에 싣고 와서는 "oo 집의 적선이오!" 하면서 나눠주었다. 그래서 그 이름이 "빈자(貧者)떡" 곧 가난한 이들을 위한 떡이라고 불렀다고 한다. 곧 빈대떡은 우리 겨레가 만든 나눔의 음식이었다.

또 '전'은 살코기, 생선, 조개, 채소, 간, 호박 따위를 얇게 저며서 밀가루와 달걀을 풀어 묻히고, 기름에 지져 익히는 요리이며 전유어(煎油魚), 저냐라고도 한다.

3) 부대찌개, 알고 먹자

부대찌개를 최고의 퓨전음식으로 극찬하는 사람이 있다. 그럴까? 미군은 지급된 햄, 소시지 등을 유통기한이 지나면 자동 폐기한다. 전쟁 직후 고기는 물론 먹을 것도 없었던 우리에겐 미군이 버린 햄과 소시지는 그야말로 소중한 음식이었다. 싼값에 단백질을 섭취할 수 있다는 장점 때문에 미군기지 주변에서부터 시작되어 차츰 전국으로 퍼졌다. 결국은 미군들이 내다버린 찌꺼기로 우린 음식을 만들어 먹었다.

'부대찌개'를 먹는 것이야 나무랄 수 없다. 하지만, 많은 사람이 밥을 굶던 6·25전쟁 때는 그렇다고 해도 지금 그때보다는 나은 환경을 사는 우리가 '부대찌개'를 최고의 퓨전음식으로 극찬하는 것은 자존심 문제이다. 더구나 미군의 이빨 자국이 선명한 햄이 들었다면 더 큰 문제 아닐까?

4) 우리 겨레의 먹거리 철학

≪규합총서(閨閤叢書)≫는 조선 후기인 1809년(순종 9) 빙허각(憑虛閣) 이씨(李氏)가 부녀자를 위해 엮은 여성생활백과의 하나이다. 여기엔 음식과 술, 옷 만들기, 옷감 짜기, 염색은 물론 양잠과 문방구에 관한 이야기들이 들어 있다. 특히 이 책에는 음식 먹을 때의 철학인 "식시오계(食時五戒)"도 보인다.

그 내용은 차려진 음식이 얼마나 어려운 과정을 거친 것인지와 음식을 먹기 전에 자기가 할 도리를 다했는지를 생각하기를 주문한다. 또 음식만 탐내는 욕심보다는 참다운 마음가짐을 가져야 하며, 모든 음식은 저마다 영양이 있는 것이니 맛에만 빠지지 말고 약처럼 먹으라고 권한다. 그뿐만 아니라 일하지 않은 사람은 먹지 말라는 훈계도 빼놓지 않는다. 요즘은 패스트푸드라 하여 음식을 아무 생각 없이 뚝딱 먹어 치우지만 이 "식시오계"처럼 음식을 먹기 전에 한번 생각해볼 필요가 있지 않을까?

또 우리 겨레는 음양오행(陰陽五行)이란 철학을 가지고 있었고 역시 음식도 오행과 관련된 것이 많다. 우선 우리 겨레는 쌀, 보리, 조, 콩, 기장으로 오곡밥을 지어 먹고 반찬도 다섯 가지 나물로 오색을 맞추었다. 또 잔칫상에 오르는 국수에도 장수를 기원하는 오색 고명을 얹었고 마늘·달래·무릇·김장파·실파의 오훈채(五葷菜)에서도 전형적인 오방색(파랑, 빨강, 노랑, 하양, 검정)이 드러난다.

이 오방색의 다섯 가지 빛깔은 바로 오미(五味) 곧 단맛, 신맛, 매운맛, 쓴맛, 짠맛의 조화인 오행의 음식임을 드러낸다. 오색이 의미하는 신체 장기와 맛을 보면 것은 파랑은 간장·신맛, 빨강은 심장·쓴맛, 노랑은 비장·단맛, 흰빛은 폐장·매운맛, 검정은 신장·짠맛으로 풀이한다. 그래서 다섯 가지 오방색 음식을 먹으면 신체의 모든 기관이 균형과 조화를 이루어 건강해진다고 믿었다.

식시오계(食時五戒)

빙허각 이씨

1. 내 눈앞에 있는 이 음식이 얼마나 어려운 과정을 거쳐서 여기 놓였는지를 생각해 보라. 밭 갈고, 씨 뿌리고, 거두고, 찧고, 까불고, 요리하기까지 그 많은 과정을 생각하라. 한 사람이 먹는 것은 열 사람이 애쓴 것이니 어찌 아끼지 않겠는가?

2. 음식을 먹기 전에 자기 도리를 다했느냐를 생각해야 한다. 어버이를 섬기고, 나라에 충성하고, 스스로 몸을 닦아 이름을 떨쳤느냐를 늘 생각하고, 그것을 하지 못했을 때 어찌 맛을 탐할 수 있겠는지 반성하라.

3. 탐내는 마음을 막아 참다운 성정을 쌓아야 한다. 좋은 음식을 탐내고, 맛없는 음식에는 상을 찌푸리고, 배불리 먹을 생각에 마음을 흩뜨려서는 참된 심성이 길러지지 않는다.

4. 모든 음식에는 저마다의 영양과 기운을 북돋우는 힘이 있으니, 음식의 맛에 지나치게 취하지 말고 약처럼 먹으라.

5. 일하지 않는 자 먹지도 말라. 사람이 마땅히 할일을 다해 덕을 쌓지 않는다면 어찌 맛있는 음식을 탐할 수 있겠느냐

제9장

조선은
기록문화의 왕국

세계기록문화유산이 된 우리 보물들

　조선은 기록에 관한 한 뛰어난 나라다. 역사를 후대에 남겨서 평가를 받겠다는 역사의식이 투철했던 조선왕조인 것이다. 기록문화는 우선 세계기록문화유산이 된 것들로 국보 제70호 훈민정음, 국보 제151호 조선왕조실록, 국보 제303호 승정원일기, 국보 제32호 해인사 대장경판, 프랑스국립도서관에 있는 직지심체요절, 대규모 공사나 왕실 각종 통과의례를 기록한 의궤들, 보물 제1085호 동의보감 등이 있다.

1

우리나라 최고 보물
훈민정음

　한글은 언어학자들로부터 인류 역사상 가장 뛰어난 글자로 인정되었다. 그 한글의 원천이 된 ≪훈민정음≫의 가치는 이루 헤아릴 수가 없다. 최근 문제가 된 ≪훈민정음≫ 상주본의 가치를 1조 원으로 평가한다니 더 말해서 무엇하랴? 먼저 발견된 것은 안동본이다. 1940년 간송 전형필 선생이 기와집 3채 값을 주고 사들여 보관한 ≪훈민정음≫ 안동본.

　만일 그때 간송 선생의 손에 들어오지 않았다면 간송미술관에 수장된 국보 제70호 ≪훈민정음≫ 안동본의 운명도 기약할 수 없었기에 간송 선생의 위대함이 돋보인다. ≪훈민정음≫ 안동본은 원래 출처인 광산 김씨 종손 긍구당가의 말을 빌리면 당시 긍구당가의 사위가 훔쳐내 팔았다. 그런가 하면 2008년에 발견되어 현재 구속된 골동품상이 감춰

둔 상주본은 안동본에 견주어 보존상태가 더 좋은 것이라고 한다. 빨리 찾아내 국민의 품으로 돌아오기를 빌어본다.

훈민정음은 2책인데 "나라말씀이 중국과 달라 한자와 서로 통하지 않으니…"라고 한 《훈민정음예의본》과, 글자를 지은 뜻과 사용법 등을 풀이한 《훈민정음해례본》이 있다. 예의본은 《세종실록》과 《월인석보(月印釋譜)》 첫 권에 같은 내용이 실려 있어 널리 알려졌으나, 해례본은 1940년 안동본이 발견될 때까지 모르고 있었기 때문에 한글의 형체에 대하여 고대글자 모방설, 고전(古篆) 기원설, 범자(梵字) 기원설, 몽골문자 기원설, 심지어는 창살 모양의 기원설까지 나올 정도로 구구한 억설이 있었으나, 이 책의 출현으로 모두 일소되고 발음기관 상형설(象形說)이 제자원리(制字原理)였음이 밝혀졌다.

해례본은 예의(例義)·해례(解例)·정인지 서문 등 3부분 33장으로 되었는데, 예의는 세종이 직접 지었고, 해례는 정인지(鄭麟趾)·박팽년(朴彭年)·신숙주(申叔舟)·성삼문(成三問)·최항(崔恒)·강희안(姜希顔)·이개(李塏)·이선로(李善老) 등 집현전(集賢殿) 학사가 집필하였다. 정인지가 대표로 쓴 서문에는 1446년 9월 상순으로 펴낸 날을 밝혀, 후일 한글날 제정의 바탕이 되었다.

2

조선 태조부터 철종까지 472년간 역사, 조선왕조실록

≪조선왕조실록(朝鮮王朝實錄)≫은 조선 개국부터 끝까지 정치, 외교, 군사, 법률, 통신, 종교 등 인간사의 모든 부분을 종합하여 기록함으로써, 세계적으로 그 유래를 찾아볼 수 없을 정도로 방대하고 정확한 기록물로 평가받는다. 중국, 일본, 베트남 등에서도 실록이 편찬되었지만 한 왕조가 '조선왕조실록' 처럼 긴 시간에 걸쳐 풍부하고도 엄밀한 기록을 남긴 예가 없다.

"조선왕조실록"은 궤짝에 담아 보관해왔다. 그리고 실록이 서로 닿는 것을 막도록 사이에 초주지를 끼워 넣고 악귀를 쫓는 붉은 보자기로 쌌다. 또 그 보자기에는 벌레와 습기를 막으려는 청궁, 창포 등의 한약재 가루를 담았다. 한 궤짝에는 15~20책을 담아 철저하게 봉인하고 자물쇠를 채웠다. 이렇게 자물쇠를 채운 왕조실록은 처음엔 서울의 춘추관, 충주, 성주, 전주 사고에 보관했지만 임진왜란 때 전주 사고를 뺀 나머지 사고가 모두 불타자 정족산, 적상산, 태백산, 오대산 등의 산속 사고에 보관했다. 그리고 실록은 임금도 볼 수 없었으며, 실록을 관리하는 사람조차도 함부로 열지 못하게 했다. 오직 임금 명을 받은 사관만 궤짝을 열게 했고, 그 사관은 임금의 명을 받아 사고에 가는 것을 커다란 명예로 생각했다.

1) 실록을 말리는 직책을 가진 벼슬 포쇄별감

여름철 특히 장마철에는 습기가 많아 곰팡이가 스는 일이 많다. 그래서 햇볕이 내리쬐는 날이면 이부자리며 옷가지들을 내 말리느라 집 안팎은 온통 빨래로 덮인다. 책도 마찬가지다. 세계문화유산에 빛나는 조선왕조실록은 통풍이 잘 되는 사고(史庫)에 보관이 되어 안전했을 거라는 생각이 들지만 이의 관리에는 세심한 주의가 있었다.

태종실록 23권(1412년) 4월 3일 기록에는 "포쇄별감(曝曬別監)으로 하여금 찾아내어 싸 가지고 와서 전악서(典樂署)의 악보(樂譜)를 참고하게 하소서."라는 기록이 보인다. 여기서 '포쇄별감'이란 사고(史庫)에서 책을 점검하여 축축한 책은 바람을 쐬거나 햇볕에 말리던 일을 맡아보던 별감(別監)을 말한다. 아예 별감을 두어 관리 했던 것이다. 별감이 있었지만 실제 책 말리는 일은 아랫것들이 했을까? 아니다.

중종실록 36권(1519년) 7월 16일 기록에는 "외방 사고(史庫)의 거풍

(擧風)하는 일을 외방의 겸춘추(謙春秋)로 하게 하려 하시나 외방 겸 춘추는 사관(史官)이 아닙니다. 사국(史局) 일에 이런 발단을 열어놓으면 사국 일이 가벼워지게 될까 두렵습니다."라는 좀 특이한 상소가 보인다. 책을 말리는 것쯤은 아무나 할 것 같아도 상소문에는 '아무나 하면 안 되며 꼭 사관이 하도록 해달라.'고 간언하여 임금이 이를 받아들이는 것으로 보아 《조선왕조실록》의 거풍 곧 포쇄는 엄격한 사관들의 관리 아래 이뤄졌음을 알 수 있다. 그러한 철저한 관리가 있어 오늘날 세계에 유례없는 문화유산으로 남게 된 것이다.

포쇄별감

2010.8 돔산

사관

▲ 장마가 지나고 햇살이 내리쬐면 조선왕조실록은 포쇄를 했다

2) 조선왕조실록, 쉬운 인터넷 번역본으로 볼 수 있다

〈이산〉, 〈왕과 나〉 그리고 〈대왕 세종〉 등 사극 드라마는 인기를 끌었다. 그런데 드라마를 보다가 "정조를 괴롭히는 화완 옹주는 언제 죽었을까?", "김처선은 어디 김씨이며, 어떻게 죽었을까?", "충녕대군은 언제 양녕대군 대신 세자로 책봉되었을까?" 같은 궁금증이 생기면 어떻게 해야 할까?

그것은 간단하다. 바로 우리에겐 번역본 그것도 인터넷에서 쉽고 간단하게 검색할 수 있는 《조선왕조실록》이 있기 때문이다. 국사편찬위원회가 실록 한글번역본·원본 이미지는 물론 한문으로 된 원문에 쉽게 읽을 수 있도록 문장부호를 붙여준 한문표점본까지 한꺼번에 볼 수 있는 입체 서비스를 하고 있다. 그래서 누구든지 쉽게 조선시대를 확인할 수가 있다. 다만, 번역 과정에서 직역 위주로 한 나머지 이해하기 어려운 월(문장)과 낱말이 많은 것이 흠이다. 또 실제 조선시대에 쓰지 않았던 일본말을 들여와 번역한 것은 두고두고 문제로 남는다.

인터넷 조선왕조실록 보기 ▶ http://sillok.history.go.kr

3

기록문화의 꽃
승정원일기

　조선시대 기록문화의 꽃으로 불리는 것은 "승정원일기(承政院日記)"
다. 승정원일기는 인조 1년(1623) 3월부터 1910년 8월까지 임금 비서실
격이었던 승정원에서 처리한 여러 가지 사건들과 취급하였던 행정 사
무, 의례적인 것들을 날마다 기록한 것으로 하나의 속기록이다. 이 책
은 나라의 중대사에서부터 의례적인 일에 이르기까지 국정의 중추적
역할을 담당하였던 승정원의 전모가 기록되어 있을 만큼 방대하여, ≪
조선왕조실록≫을 펴내기 위한 첫 번째 사료로서 그 가치가 대단히 높
게 평가되는 기록물이다. 승정원일기는 조선 초부터 기록되었으나, 인
조대 이전의 것은 임진왜란과 이괄(李适)의 난 등으로 모두 소실되어
남아 있지 않고 현재 남은 것은 3,243권으로 현재 서울대학교 규장각
에 소장되어 있다.

승정원일기를 쓴 사람들은 승정원에 소속된 주서(注書)로 예문관 소속의 사관(史官)과 함께 임금과 신하들이 만날 때 반드시 배석하여, 그들의 대화내용을 기록했는데 일종의 속기사였다. 주서는 과거합격자 중에서도 특별히 웅문속필(雄文速筆), 곧 사람이 하는 말을 재빨리 한문으로 번역해서 쓰는 능력이 뛰어난 사람을 뽑았고 승진에 특혜를 주기도 했다.

인터넷 승정원일기 보기 ▶ http://sjw.history.go.kr

4
임금 언행의 기록
일성록(日省錄)

　1760년(영조 36)부터 1910년(융희 4)까지 150년간 날마다 역대 임금의 언행을 기록한 책. 1973년 12월 31일 국보 제153호로 지정되었다. 필사본으로 모두 2,329책이다. 규장각에서 편찬한 책으로, 서울대학교 규장각에 소장되어 있다.

　정조가 세손(世孫)으로 있을 때인 1752년(영조 28)부터의 언행과 동정을 일기체로 적고, 그가 왕위에 오른 지 3년 후(1779)에 규장각을 설치하여 신하들로 하여금 임금이 조정에서 한 갖가지 사실들을 기록하게 하였다. 이것을 자료로 하여 1783년부터 작성을 시작해 1785년 1월 임금의 모든 일을 기록한 ≪일성록≫을 처음 펴냈다. 증자(曾子)의 "하루 세 번 나를 돌이켜 살폈다."는 말의 뜻을 살려 ≪일성록≫이라 하였다. ≪조선왕조실록(朝鮮王朝實錄)≫, ≪승정원일기(承政院日記)≫와 더불어 조선시대의 대표적인 연대기이며, 역사자료로서도 중요한 가치를 가지고 있다.

5

궁궐 행사 기록의 모든 것,
의궤

의궤는 조선시대에 나라의 큰 행사가 있으면 그 내용을 자세히 기록해서 책으로 펴낸 것이다. 큰일을 상세히 기록함으로써 일을 하는 사람들이 정성을 다하도록 하고, 후세 사람들에게 교훈을 주려고 만들어졌다. 특히 임금의 출생에서 죽음까지 모든 의례를 기록했다. 먼저 탄생과정을 기록한 '호산청일기(護産廳日記)', 태를 보관할 장소를 선정하고 태실(胎室)을 만들어 안장하는 과정을 기록한 '안태의궤(安胎儀軌)', 뒤에 왕자가 왕세자로 책봉되면 '세자책례도감의궤(世子册禮都監儀軌)'을 썼다. 그런 다음 혼인을 하게 되면 '가례도감의궤(嘉禮都監儀軌)', 임금으로 오르면 태실을 태봉(胎封)으로 올리고, 주위 석물을 배치하는 과정을 기록한 '태실가봉석난간조배의궤(胎室加封石欄干造排儀軌)'를 기록하며, 임금이나 왕비가 죽으면 '국장도감의궤(國葬都監儀軌)'로 마무리 했다.

또 임금이 직접 농사짓는 친경의식의 절차 및 소요 물품 등에 대한 '친경의궤(親耕儀軌)'가 있고 '화성성역의궤(華城城役儀軌)와 '사직서의궤(社稷署儀軌)', '보인의궤(寶印儀軌)', '친잠의궤(親蠶儀軌)', '진찬의궤(進饌儀軌)' 등이 있다.

▲ 의궤들(왼쪽부터 시계방향으로)–경릉산릉도감의궤, 대례의궤, 외규장각형지안의궤,
존숭도감의궤, 친잠의궤, 풍정도감의궤

6

고려대장경이 모셔져 있는
도쿄 증상사

고려대장경은 고려시대에 불경을 집대성하여 펴낸 불경이다. 이 거대한 역사는 불교를 일으키려는 목적도 있었지만 문화국으로서의 위력을 이웃나라에 뽐내고, 부처님의 힘으로 나라의 어려움을 없애고 지키겠다는 뜻에서 새긴 것이다.

그런데 고려대장경이 일본 도쿄 도쿄타워 가까이에 있는 증상사(增上寺, 죠죠지) 안의 신(新)경장이란 건물에도 있다. 웬일일까? 혹시 임진왜란이나 일제강점기 때 약탈해 간 것일까? 아니다.

성종실록 183권, 16년(148년) 9월 16일 기록에 보면 노사신의 상소가 눈길을 끈다. "대장경은 이단의 책이므로 비록 태워버린다 해도 아깝지 않습니다. 더욱이 인접한 나라에서 구하니 마땅히 아끼지 말고 주어야 할 것입니다. 그러나 대장경 1건을 만들려면 그 경비가 매우 많이 들어서 쉽사리 조달할 수가 없습니다. 요전번에는 대장경이 나라에 무익하였기 때문에 왜인들이 와서 구하면 문득 아끼지 않고 주었으나 지금 몇 건 남아있습니까? 다 주고 나면 또 달라는 억지에 골치가 아플 것입니다." 말하자면 싹 주어 버려도 아깝지는 않지만 한꺼번에 다 주고 나서 다시 달라고 떼를 쓰면 만드는데 돈이 드니까 대장경을 달라고 할 때마다 조금씩 주자는 말이다.

이 무렵 일본은 무사들이 권력을 잡았던 시절로 그들은 자신들의 번영과 안전을 위해 절에 많은 공을 들였다. 그래서 조선에 사신을 보내면 으레 수준 높은 고려대장경을 달라고 졸랐다. 마침 불교를 천시하고 유교를 숭상하던 조선은 고려대장경을 별로 중요치 않게 생각하고 하나 둘 일본에 넘겼다. 물론 일본 사신에게 종이를 가져오면 찍어주겠다고도 했지만 일본 사신이 들고 온 종이는 워낙 조악해서 대장경을 찍을 수 없었다는 기록도 있다. 그렇게 해서 건너간 고려대장경이 이곳에 있게 된 것이다. 와서 달라 조른다고 덥석 내준 사람들이나 대장경 하나 못 만들고 80여 회(조선왕조실록 기록)나 대장경을 요구했던 일본 쪽이나 모두 '불심(佛心)'과는 먼 행동을 한 것 같다.

▲ 도쿄 증상사에 있는 고려대장경(왼쪽), 노사신 상소가 기록된 성종실록(오른쪽)

허준의 위대한 학술서
≪동의보감≫

　≪동의보감(東醫寶鑑)≫은 1610년(선조 29)에 허준(許浚)이 왕명을 받아 정작(鄭碏), 이명원(李命源)·양예수(楊禮壽)·김응탁(金應鐸)·정예남(鄭禮男) 등과 함께 펴낸 의서(醫書)이다. 내용은 5개 강목으로 나뉘어 있는데, 내경편(內景篇) 6권, 외형편(外形篇) 4권, 잡병편(雜病篇) 11권, 탕액편(湯液篇) 3권, 침구편(鍼灸篇) 1권이다. 제22~24권의 3권 3책은 탕액편으로 향약명(鄕藥名) 649개가 한글로 적혀 있어 국어사 연구에 도움을 준다.

　일부 사람들은 ≪동의보감≫을 두고 표절했다며 자기 얼굴에 침을 뱉는다. 하지만, 그들은 ≪동의보감≫이 중국문헌을 인용할 때는 철저히 인용 표시를 했으며, 조선만의 것으로 새롭게 재해석하고 독창적인 학술발전을 이루었음을 모른다. 표절한 것을 유네스코가 세계문화유산으로 오르게 할 리가 없음을 알아야 한다.

　더구나 우리나라에서 펴낸 뒤 청나라와 일본에서는 여러 번 번역해 책을 펴냈으며, 최근까지도 민국상해석인본(民國上海石印本)·대만영 인본 등이 계속 나오고 있다. 그뿐이 아니다. 일본판 ≪원원통(源元通)≫의 발문에 "이 책은 보민(保民)의 단경(丹經)이요, 의가의 비급(祕笈)이라, 군명을 받으려 훈점(訓點)을 가한 것이라."고 하였다. 또 청국판 ≪능어(凌魚)≫의 서문에는 이 책을 펴낸 좌한문(左翰文)에게 "천하의 보물을 천하와 함께 하였다."고 칭송하였다. 이를 보면 ≪동의보감≫이 표절이 아니라 중국인과 일본인도 인정하는 위대한 책이라는 것을 증명된다. 책 이름은 ≪동의보감≫이나 실은 동양의학의 보감이며, 동양의학의 백과전서라 할 만하다.

▲ 동의보감은 우리 겨레의 건강생활을 위한 위대한 학술서였다.

제10장
세시풍속의 보물창고
명절

1
설날은 낯설고,
삼가는 날

1) 설의 말밑(어원)

① **섧다** : 이수광의 ≪여지승람(輿地勝覽)≫에 설날을 '달도일(怛忉日)'이라 했다. 한 해가 지남으로써 점차 늙어 가는 처지를 서글퍼하는 말이다.

② **사리다[愼, 삼가다]의 '살'** : 신일(愼日) 곧 '삼가고 조심하는 날'로 몸과 마음을 바짝 죄어 조심하고 가다듬어 새해를 시작하라는 뜻으로 본다.

③ **'설다, 낯설다'의 '설'** : 설은 새해라는 정신적·문화적 의미의 '낯 설은 날'

④ **연세설(年歲說)** : 나이를 말하는 말, 곧 '몇 살(歲)' 하는 '살'에서 비롯. 산스크리트어는 해가 바뀌는 연세(年歲)를 '살'이라 하는

데 이 '살'이 '설'로 바뀌었다.

⑤ **서다** : 한 해를 새로이 세운다는 뜻

2) 설날 세시풍습과 세배하는 법

설날과 관련된 말 : '차례', '설빔', '세배', '세찬(떡국)', '세주(초백주, 도소주)'

경북 영일, 안동 지방에서는 이 날 눈이나 비가 와서 질면 풍년이 든다고 한다. 속담에 '설은 질어야 하고, 보름은 말라야 한다.' 하였다. 집안마다 차례가 끝나면 마을 어른들을 찾아뵙고 새해인사를 하고 덕담을 나누는 풍습도 남아 있다.

① **문안비(問安婢)** : 사돈 간 부인들이 새해 문안을 드리려 보내는 하녀

② **청참(聽讖)** : 설날 꼭두새벽 거리에 나가 맨 처음 들려오는 소리로 한 해의 길흉을 점치는 것.

③ **오행점(五行占)** : 장기짝같이 만든 나무토막에 오행인 금·목·수·화·토를 새긴 다음 이것을 던져서 점괘를 얻어 새해의 신수를 보는 것.

④ **원일소발(元日燒髮)**: 남녀가 한 해 동안 빗질할 때 빠진 머리카락을 모아 빗상자 속에 넣었다가 설날, 해가 어스름해지기를 기다려 문밖에서 태움으로써 나쁜 병을 물리치려는 풍습

⑤ **야광귀(夜光鬼, 양괭이)**: 양괭이는 설날 밤, 사람들의 집에 내려와 아이들의 신을 두루 신어보고 발에 맞으면 신고 가버리는데, 그 신의 주인은 불길한 일이 일어난다고 믿었다. 그래서 아이들은 이 귀신을

두려워하여 신을 감추거나 뒤집어놓고 잠을 잤다. 그리고 체를 마루 벽이나 장대에 걸어 두었다. 그것은 야광귀가 와서 아이들의 신을 훔칠 생각을 잊고 체의 구멍이 신기하여 세고 있다가 닭이 울면 도망간다고 생각했기 때문이다.

▲ 양광이 풍속

⑥ **해지킴(守歲)** : 섣달 그믐날 밤에 잠을 자면 눈썹이 희어진다고 했으며, 아이들이 졸음을 이기지 못하여 잠들면 잠든 아이들의 눈썹에 떡가루를 발라 놀려주었다. 이것은 설맞이 준비가 바쁘니 이 한밤은 잠자지 말고 일해야 한다는 데서 생긴 말로 보인다.

⑦ **복조리 걸기** : 섣달 그믐날 밤에 쌀을 이는 조리를 새로 만들어 복조리라 하여 붉은 실을 꿰매어 부엌에 걸어 두는 풍습. 한 해 동안 많은 쌀을 일 수 있을 만큼 풍년이 들라는 뜻이 담겨 있다. 예전에는

새해부터 정월대보름까지 "복조리 사려!"를 외치며 다녔다. 복조리를 부뚜막이나 벽에 걸어두고 한 해의 복이 가득 들어오기를 빌었다.

그밖에 설날의 대표적인 놀이는 윷놀이와 널뛰기, 연날리기, 썰매타기, 팽이치기, 바람개비놀이, 쥐불놀이 등이 있다. 마을 사람들이 모두 모여서 하는 놀이로 풍물굿이 어느 지방에서나 행해졌으며, 지신밟기, 석전(石戰), 동채싸움(차전놀이), 나무쇠싸움, 횃불싸움, 달불놀이, 달집사르기 등이 있었다.

▲ 세배

< 세 배 법 >

여자는 오른쪽 무릎을 세우고 어깨너비 정도로 손을 내려뜨리며 절한다. 양손을 어깨 폭만큼 벌리고 손가락은 모은 채 약간 바깥쪽으로 향하게 한 뒤 서서히 몸 전체를 굽힌다. 갑자기 목만 떨어뜨려서는 안되며 머리는 땅바닥에 닿을 듯 말듯하게 한다. 남자는 왼손을 오른손

위에 포갠 다음 절을 한다. 손을 잡는 법을 '공수법(拱手法)'이라고 하는데 남녀가 반대이고, 절을 받는 사람이 산 사람과 죽은 사람일 때는 또 반대다. 세배를 하면서 흔히 '새해 복 많이 받으십시오.'처럼 명령 투의 말을 하는데 이것은 예절에 맞지 않는다. 세배를 한 뒤 일어서서 고개를 잠깐 숙인 다음 제자리에 앉는다. 그러면 세배를 받은 이가 먼저 덕담을 들려준 후 이에 화답하는 예로 겸손하게 얘기를 하는 것이 좋다. 덕담은 덕스럽고 희망 섞인 얘기만 하는 게 좋으며 지난해 있었던 나쁜 일이나 부담스러운 이야기는 굳이 꺼내지 않는 게 미덕이다.

3) 첨세병과 도소주, 설날의 명절음식

떡국은 꿩고기를 넣고 끓이는 것이 제격이지만 꿩고기가 없는 경우에는 닭고기를 넣고 끓였다.(꿩 대신 닭) 설을 쇨 때 반드시 떡국을 먹는 것으로 여겼기 때문에 사람들은 떡국에 나이를 더 먹는 떡이란 뜻의 '첨세병(添歲餠)'이라는 별명까지 붙이기도 하였다.

설날에 술을 마시는데 '설술은 데우지 않는다'는 뜻으로 '세주불온(歲酒不溫)'이라 하여 찬술을 한 잔씩 마셨다. 이것은 옛사람들이 정초부터 봄이 든다고 보았기 때문에 봄을 맞으며 일할 준비를 해야 한다는 뜻에서 생긴 풍습이다. 또 설에는 도소주(屠蘇酒)를 마셨는데 이술은 오랜 옛날부터 전해져 오는 술이다. 도소주는 육계, 산초, 흰삽주 뿌리, 도라지, 방풍 등 여러 가지 한약재를 넣어서 만든 술이다. 그러므로 이 술을 마시면 모든 병이 생기지 않는다고 믿었다.

'구정(舊正)'은 조선총독부의 작품, '설날'이라고 해야...

설은 태음력을 기준으로 한 것으로 일제강점기 이후 설의 수난은 오랫동안 이어졌다. 조선총독부는 1936년 《조선의 향토오락》이란 책을 펴낸 이후 우리말, 우리글, 우리의 성과 이름까지 빼앗고 겨레문화를 송두리째 흔들어 놓았다. 또 조선총독부는 '설'을 '구정'이란 말로 격하시켜 민족정신을 말살시키려 했다. 광복 후에도 양력이 기준력으로 사용됨으로써 양력설은 제도적으로 계속되었다. 1989년까지만 해도 양력 1월 1일부터 3일간 공휴일이었다. 음력설인 고유의 설은 '민속의날'이라 하여 단 하루 공휴일이었으므로 양력설에 짓눌릴 수밖에 없었다. 양력 설날은 연말연시라 하여 성탄절과 함께 잔치처럼 지내는 풍속으로 굳어지는 듯했다. 그리고 민족 고유의 설은 이중과세라는 명목 아래 오랫동안 억제해 왔다.

그런데 1989년 2월 1일 정부가 '관공서의 공휴일에 관한 규정'을 고쳐 설날인 음력 1월 1일을 전후한 3일을 공휴일로 지정, 시행함에 따라 이젠 설날이 완전한 민족명절로 다시 자리 잡았다. 이제 우리는 일본이 문화말살 하려고 쓰던 '구정'이란 말을 버리고 꼭 '설날'이란 말을 써야 할 것이다.

2

정월대보름의
탑돌이와 보름병

 정월 명절로는 설과 대보름이 있다. 옛 풍속에는 대보름을 설처럼 여
겼다. ≪동국세시기≫에 대보름에도 섣달 그믐날의 수세하는 풍속과
같이 온 집안에 등불을 켜놓고 밤을 지새운다는 기록이 보인다.

 정월대보름 달은 한 해 가운데 달의 크기가 가장 크다. 가장 작은 때
에 비해 무려 14%나 커 보인다는데, 그것은 달이 지구에 가장 가깝게
다가서기 때문이다. 조선 후기에 간행된 ≪동국세시기(東國歲時記)≫
에는 "초저녁에 횃불을 들고 높은 곳에 올라 달맞이하는 것을 '망월
(望月)'이라 하며, 먼저 달을 보는 사람에게 행운이 온다."라고 적혀
있다.

 우리나라는 농사를 기본으로 음력을 사용하는 전통사회였다. 또한
음양사상(陰陽思想)에 따르면 해를 '양(陽)'이라 하여 남성으로, 달은
'음(陰)'이라 하여 여성으로 본다. 달의 상징적 구조를 풀어 보면 달—

여신-땅으로 표상되며, 여신은 만물을 낳는 지모신(地母神)으로 출산하는 힘을 가진다고 한다. 따라서 달은 풍요로움의 상징이었다.

1) 약밥, 오곡밥, 귀밝이술은 대보름의 명절음식

대보름날의 먹거리는 약밥, 오곡밥, 복쌈, 진채식(陳菜食), 귀밝이술 따위가 있다.

① **약밥** : 찹쌀을 밤, 대추, 꿀, 기름, 간장들을 섞어서 함께 찐 후 잣을 박은 것. ≪동국세시기≫에 "신라 소지왕 10년 정월 15일 왕이 천천정(天泉亭)에 행차했을 때 날아온 까마귀가 왕을 깨닫게 했다. 그래서 보름날 까마귀를 위하여 제사를 지내 그 은혜에 보답하는 것이다"라는 기록이 있다. 이 약밥은 지방에 따라 오곡밥, 잡곡밥, 찰밥, 농삿밥으로 대신하기도 한다. 대보름날엔 세 집 이상 성이 다른 집 밥을 먹어야 그 해의 운이 좋다고 하며, 평상시에는 하루 세 번 먹는 밥을 이 날은 아홉 번 먹어야 좋다고 믿었다.

② **복쌈** : 밥을 김이나 취나물, 배추잎 따위에 싸서 먹는 것. 복쌈은 여러 개를 만들어 그릇에 노적 쌓듯이 높이 쌓아 성주님께 올린 다음에 먹으면 복이 온다고 믿었다.

③ **진채식** : 고사리, 버섯, 호박고지, 오이고지, 가지고지, 무시래기 등 햇볕에 말린 여러 가지 나물을 물에 잘 우려서 삶아 무쳐 먹으면 여름에 더위를 먹지 않고 한 해를 무사히 지나게 된다는 믿음이 있었다.

④ **귀밝이술** : ≪동국세시기≫에 "청주 한 잔을 데우지 않고 마시면 귀가 밝아진다. 이것을 귀밝이술이라 한다." 했다.

한방에서 보는 대보름 명절음식

오곡밥은 오색이 모두 들어가 있기 때문에 오장육부를 조화시키고 각 체질에 맞는 음식이 골고루 섞여 있는 조화로운 음식이다. 특히 찹쌀은 소화기를 돕고 구토, 설사를 멎게 하며, 차조는 비위(脾胃)의 열을 제 거하고 오줌을 잘 나오게 하는 동시에 설사를 멎게 하며, 차수수는 몸 의 습(濕)을 없애 주고 열을 내려 준다고 한다. 또 콩은 오장을 보하고, 십이경락의 기혈 순환을 도우며, 팥은 오줌을 잘 누게 하여 부기, 갈 증, 설사를 멎게 해준다. 하지만, 전통음식이라 해서 다 좋은 건 아니 다. 차수수는 소화가 잘 안 되는 점을 알아야 하고, 부럼 깨물기는 이 가 상할 수도 있으니 이빨이 약한 사람은 조심해야 하며, 평소 똥이 무 르거나 지성 피부인 경우는 좋지 않을 수도 있다.

2) 부럼깨물기와 더위팔기, 대보름의 세시풍속

설날과 대보름 명절은 우리 민속에서 중요한 비중을 가지고 있고, 동 시에 이들은 상호 유기성을 가진다. 그래서 설날부터 대보름날까지 각종 풍속은 전체 세시풍속 가운데 전체의 절반이 넘는다. 전통 농가에서는 정월을 '노달기'라 하여 농민들은 휴식을 취하며 다음 농사 준비를 한다. 또 다양한 제사의식과 점치기, 놀이가 벌어진다. 지방마다 차이가 있지만 대개 대보름날 자정을 전후로 제관을 선출하여 풍요로움과 마을의 평안을 비는 마을 제사를 지낸다.

① **부럼깨기** : 대보름날 아침 일찍 일어나면 '부럼깬다' 하여 밤, 호두, 땅콩, 잣, 은행 등 견과류를 깨물며 한 해 열두 달 종기나 부스럼이 나지 않도록 빈다. 또 부럼을 깨물 때 나는 소리에 잡귀가 달아나고 이빨에 자극을 주어 이빨이 건강해진다고 생각했다. '부럼깨기'처럼 옛사람들은 견과류를 잘 먹고 곡식이 주식이었기에 턱이 발달하여 얼굴이 네모났으며, 두뇌 발달에 도움을 주었다. 하지만, 현대인들은 부드러운 음식을 주로 먹기 때문에 얼굴이 달걀형으로 바뀌고, 턱관절이 빠지는 사람이 늘고 있다.

② **더위 팔기** : 아침 일찍 일어나 사람을 보면 상대방 이름을 부르며 '내 더위!'라고 한다. 이름을 불린 사람이 그걸 알면 "먼저 더위!"를 외친다. 이렇게 더위를 팔면 그 해 더위를 먹지 않는다는 믿음이 있었다.

③ **액연 띄우기** : 아이들은 대보름날이 되면 '액연(厄鳶) 띄운다'라고 하여 연에다 '액(厄)' 혹은 '송액(送厄)' 등을 써서 연을 날리다가 해질 무렵에 연줄을 끊어 하늘로 날려 보냄으로써 액막이를 한다.

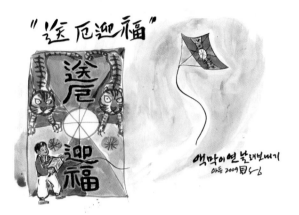

④ **달맞이** : 초저녁에 뒷동산에 올라가서 달맞이를 하는데 달의 모양, 크기, 출렁거림, 높낮이 등으로 한 해 농사를 점쳤다.

⑤ **달집태우기** : 짚이나 솔가지 등을 모아 언덕이나 산 위에 쌓아 놓은 다음 소원을 쓴 종이를 매달고, 보름달이 떠오르기를 기다려 불을 지른다. 피어오르는 연기와 더불어 달맞이를 하고, 쥐불놀이와 더불어 이웃마을과 횃불싸움을 하기도 한다.

⑥ **볏가릿대 세우기** : 보름 전날 짚을 묶어서 깃대 모양으로 만들고 그 안에 벼, 기장, 피, 조의 이삭을 넣어 싸고, 목화도 장대 끝에 매달아 이를 집 곁에 세워 풍년을 기원하는 풍속

⑦ **복토 훔치기** : 부잣집의 흙을 몰래 훔쳐다 자기 집 부뚜막에 발라 복을 기원한다.

⑧ **용알뜨기** : 대보름날 새벽에 제일 먼저 용알이 떠 있다고 생각하는 우물물을 길어 와 풍년과 운수대통하기를 기원하는 풍속이다.

⑨ **곡식 내지 않기** : 농가에서는 새해에 자기 집 곡식을 팔거나 빌려주지 않는데, 이는 이때 곡식을 내게 되면 자기 재산이 남에게 가게 된

다고 생각했다. (경남지방)

⑩ **지신밟기** : 풍년을 기원하는 풍속으로 설날부터 대보름 무렵에 마을의 풍물패가 집집이 돌며 흥겹게 놀아주고 복을 빌어 준다. 지역에 따라서 마당밟기, 귀신이 나오지 못하도록 밟는 매귀(埋鬼), 동네에서 쓸 공동경비를 여러 사람이 다니면서 풍물을 치고 재주를 부리며 돈이나 곡식을 구하는 걸립(乞粒)을 한다.

그밖에 정월대보름 놀이로는 나무쇠싸움(쇠머리 싸움), 놋다리밟기, 다리밟기, 봉죽놀이, 사자놀이, 들풀태우기, 고싸움놀이, 월등 달집태우기, 당산옷 입히기, 관원놀이(감영놀이), 농기세배들도 있다. 이제는 잊혀 가고 있지만 정월대보름에 식구들과 함께 달맞이를 하고 서로 행복을 빌어 보면 얼마나 좋겠는가? 김재진 시인은 〈어머니〉란 시에서 대보름을 세상의 섧븐 사람들이 다 모여 힘껏 달불 돌리는 날이라 했다. 고통받는 이웃들도 함께 달불 돌리며 웃는 그런 날이면 좋겠다.

3

제비에게 절하는
삼짇날

음력 3월 3일은 삼짇날로 명절이다. 양수(陽數)가 겹치는 설날, 단오, 칠석, 중양절처럼 좋은 날로 생각한 것이다. 이날은 봄을 알리는 명절로 강남 갔던 제비가 돌아오고, 뱀이 겨울잠에서 깨어나 나오기 시작한다. 또 나비나 새도 나타나기 시작하는데, 경북 지방에서는 이날 뱀을 보면 운수가 좋다고 하고, 또 흰나비를 보면 그해 상을 당하며 노랑나비를 보면 행운이 온다고 믿는다.

이날 전해오는 놀이로 사내아이들은 물이 오른 버들가지를 꺾어 피리를 만들어 불고, 여자아이들은 풀을 뜯어 각시인형을 만들어 각시놀음을 즐긴다. 또 선비들은 정원의 곡수(曲水, 구부러져서 흐르는 물길)에 술잔을 띄우고 자기 앞으로 떠내려 올 때까지 시를 읊던 곡수연이란 운치 있는 놀이를 즐겼다. 그뿐만 아니라 "제비맞이"라는 풍속도 있는데 봄에 제비를 처음 보았을 때, 그 제비에게 절을 세 번 하고 왼손으로 옷고름을 풀었다가 다시 여미면 여름에 더위가 들지 않는다고 믿었다.

　이날 시절음식으로는 진달래꽃을 따다가 찹쌀가루로 반죽하여 둥근 떡을 만드는 '화전(花煎)'이 있으며, 녹두가루에 붉은색 물을 들여 그것을 꿀물에 띄운 것을 먹는데 이를 '수면(水麵)'이라고 한다. 이밖에 '산떡'이라 하여 방울모양으로 흰떡을 만들어 속에 팥을 넣고, 떡에다 다섯 가지 색깔을 들여, 작은 것은 다섯 개씩 큰 것은 세 개씩 이어서 구슬처럼 꿰는 떡도 있다. 또 찹쌀과 송기 그리고 쑥을 넣은 '고리떡'이 있고 부드러운 쑥잎을 따서 찹쌀가루에 섞어 쪄 떡을 만드는 '쑥떡'도 삼짇날의 명절음식이다. 지금은 거의 잊혔지만 삼짇날은 우리 겨레가 서로 어울릴 수 있는 뜻 깊은 명절이었다.

▲ 삼짇날은 돌아온 제비에게 절하고 옷고름을 여민다.

4
양기 왕성한 날,
단오엔 부채를 선물하자

"장장채승(長長彩繩:오색의 비단실로 꼰 긴 동아줄) 그넷줄 휘늘어진 벽도(碧桃:선경[仙境]에 있다는 전설상의 복숭아)까지 휘휘 칭칭 감어 매고 섬섬옥수(纖纖玉手) 번듯 들어 양 그넷줄을 갈라 잡고 선뜻 올라 발 굴러 한 번을 툭 구르니 앞이 번 듯 높았네. 두 번을 구르니 뒤가 점점 멀었다. 머리 위에 푸른 버들은 올을 따라서 흔들 발밑에 나는 티끌은 바람을 쫓아서 일어나고 해당화 그늘 속의 이리 가고 저리 갈제"

이 구절은 판소리 〈춘향가〉 중에서 춘향이가 그네 타는 장면인데, 그네뛰기는 단옷날의 대표적 민속놀이다. 우리 겨레는 예부터 설날, 한식, 추석과 함께 단오를 4대 명절로 즐겼지만 이제 그 명맥이 끊길 위기에 놓였다.

1) 단오의 이름과 유래

단오는 단오절, 단옷날, 천중절(天中節), 포절(蒲節 : 창포의 날), 단양(端陽), 중오절(重午節, 重五節)이라 부르기도 하며, 우리말로는 수릿날이라 한다. 단오의 '단(端)'자는 첫 번째를, '오(午)'는 다섯으로 단오는 '초닷새'를 뜻한다. 중오는 오(五)의 수가 겹치는 음력 5월 5일을 말하는데, 우리 겨레는 이날을 양기가 왕성한 날이라 생각했다. 음양사상에 따르면 홀수를 '양(陽)의 수', 짝수를 '음(陰)의 수'라 하여 '양의 수'를 길수(吉數), 곧 좋은 수로 여겼다. 따라서 이 양의 수가 중복된 날은 명절로서 단오와 함께 설·삼짇날·칠석·중양절(9월 9일) 따위가 있다.

조선 후기에 간행된 ≪동국세시기≫ 5월조 기록을 보면, 수릿날은 쑥떡을 해먹는데 쑥떡 모양이 수레바퀴 같다 하여 '수리'라 했다 한다. 또 수리란 고(高)·상(上)·신(神) 등을 의미하는 고어(古語)인데, '신의 날', '최고의 날'이란 뜻이며, 모함을 받은 중국 초(楚)나라 굴원(屈原)이 지조를 보이려고 수뢰(水瀨:급류)에 빠져 죽어 이 날 제사를 지냈다 하여 수릿날이라 부르게 되었다는 설도 있다.

2) 단오 세시풍속, 창포물에 머리감고 부채 선물하기

① **단오장(端午粧)** : 단옷날 부녀자들은 창포뿌리를 잘라 비녀로 만들어 머리에 꽂아 두통과 재액(災厄)을 막고, 창포 삶은 물에 머리를 감아 윤기를 냈다. 또 단옷날 새벽 상추잎에 맺힌 이슬을 받아 분을 개

어 얼굴에 바르면 버짐이 피지 않고 피부가 고와진다고 생각했다. 남자들은 단옷날 창포뿌리를 허리에 차고 다니는데, '귀신을 물리친다'고 믿었다. 단옷날 중에서도 오전 11시~오후 1시인 오시(午時)가 가장 양기가 왕성한 시각으로 농가에서는 약쑥, 익모초, 찔레꽃 등을 따서 말려둔다. 오시에 뜯은 약쑥을 다발로 묶어서 대문 옆에 세워두면 모든 액을 물리친다 했다. 그리고 창포주 등의 약주를 마셔 재액을 예방하려 하였다.

② **단오첩(端午帖)** : 신하들이 시를 써서 궁궐 기둥에 붙이는 것.

③ **부채나누기** : 해마다 단옷날에는 공조(工曹)에서 부채를 만들어 임금께 진상(進上)하고 이 부채를 신하들에게 나눠 주었다. 더위 타지 말고 건강하라는 뜻이 담겨 있다. 부채는 보통 여름에 사용하는 것이나, 혼례 때에는 어느 계절이고 얼굴 가리개로 사용하였다. 신랑은 파랑색, 신부는 붉은색, 상을 당한 사람은 흰색, 그 외 빛깔은 일반 남녀, 어린이가 사용한다. 예전의 단오에는 부채를 선물하는 것이 관례였는데 청년에게는 푸른 부채를, 노인이나 상제에게는 흰 부채를 주었다. 그리고 임금은 신하들에게 자연 경치, 꽃, 새 등을 그린 부채를 선물했다. 단오에 부채를 선물하는 것을 동지의 달력 선물과 함께 "하선동력(夏扇冬曆)"이라 한다.

④ **대추나무 시집보내기** : 단옷날 정오에 대추나무 가지를 치거나 가지 사이에 돌을 끼워 놓아 더 많은 열매가 열리기를 기원하는 풍습.

⑤ **쑥-호랑이(애호:艾虎) 풍속** : 여자들이 쑥, 대쪽, 헝겊 따위로 만든 호랑이 모양을 만들어 단옷날 머리에 이면 모든 액을 물리친다고 믿었다.

3) 단오 시절음식, 수리떡·앵두화채·제호탕

단오 이후는 장마가 시작되면서 습기가 많아 병이 생기거나 여러 가지 액(厄)이 생기므로 이를 피하기 위한 풍속이 많았다. 곧 음식을 장만하여 창포가 무성한 물가에서 물맞이 놀이를 하며 액땜을 했고, 잡귀가 침범하지 못하도록 탈놀이를 했다. 그런데 단오 액땜 풍속에 빼놓을 수 없는 것이 음식 풍속이다. 수리취떡(혹 수리떡), 앵두화채, 제호탕 등 단오 무렵 즐겨 먹던 음식은 마음과 몸의 건강을 동시에 생각한 슬기로움이 담겨 있다.

① **수리떡** : ≪동국세시기≫에 보면 "이 날은 쑥잎을 따다가 쪄서 멥쌀가루 속에 넣어 반죽을 하면 초록색이 나는데 이것으로 떡을 만든다. 그리고 수레바퀴 모양의 무늬를 찍어 빚는다"는 풍속이 전한다. 이것이 바로 수리떡이다. 다른 말로는 '수리취 절편' 또는 '차륜병(車輪餠)'이라고도 한다.

② **약떡** : 단오 전날 밤이슬을 맞혀 두었던 여러 가지 풀을 가지고 단옷날 아침에 떡을 해먹었다.

③ **앵두화채** : 단오의 제철 과실에는 앵두, 오디, 산딸기가 있다. 앵두는 한방에서 위를 보호하고 피를 맑게 하는 효능이 있으며, 단오 무렵 무더위로 허덕일 때 입맛을 돋워 주는 음식 재료로 쓰인다. 앵두로 만든 화채는 앵두 씨를 빼고 꿀에 재었다가 다시 꿀물에 넣은 것이다.

④ **제호탕(醍瑚湯)** : 덜 익은 매실을 짚불 연기에 그을려 말린 오매(烏梅)가 주재료다. 오매를 잘게 빻아 끓는 물에 가루를 넣어 마시거나

아예 꿀에 버무려 냉수에 타서 들이키면 새콤한 맛이 난다.

⑤ **준치만두** : '썩어도 준치'라는 말의 그 준치를 가지고 만든 만두. 옛날에는 단오 무렵 준칫국을 많이 끓여 먹었다고 하는데 생선을 싫어하는 아이들의 영양식으로 좋다. 갖은 양념을 하여 재워 둔 준치 살과 쇠고기를 두부, 오이와 함께 밀가루와 녹말가루를 입혀 삶아서 초장에 찍어 먹어도 좋고, 장국에 넣어 먹으면 훌륭한 여름철 보양식이 된다.

4) 단오의 민속놀이, 그네와 씨름

단오의 대표적인 놀이는 그네뛰기와 씨름이다.

① **그네뛰기** : 조선 후기의 화가 신윤복의 〈단오풍정〉에 부녀자들이 그네 뛰는 모습이 그려져 있다. 그네뛰기를 큰 행사로 할 때는 통나무를 양쪽에 세우고 그 위에 통나무를 가로질러 묶은 다음 그넷줄을 매는 '땅그네'로 했다. 종목은 '높이뛰기', 그네 앞에 장대를 세우고, 장대에 방울을 달아놓아 발로 차도록 하는 '방울차기', 두 사람이 마주 올라타고 뛰는 '쌍그네뛰기'가 있었다.

② **씨름** : 종류에는 왼씨름, 오른씨름, 띠씨름 세 가지가 있다. 오른손으로 상대방의 허리를 쥐고 왼손으로 상대방의 샅바를 잡는데 이것을 바른씨름(오른씨름)이라 하며, 경기도와 전라도 지방에서 주로 했다. 손잡는 것이 반대인 것을 왼씨름이라 하는데 함경, 평안, 황해, 경상, 강원도 등에서 했고, 띠씨름은 허리에다 띠를 매어 서로 잡고 하는 씨름인데 '허리씨름' 또는 '통씨름'이라 하며 주로 충청도에서 했다.

이렇게 따로 치르던 씨름은 1931년 제2회 전조선씨름대회부터 '왼씨름' 한 가지로 통일되었다. 따라서 현재 대한씨름협회가 주관하는 모든 씨름 경기와 각 학교에서 가르치는 씨름은 '왼씨름' 이다.

우리나라는 예부터 단오절에 '단오제'나 '단오굿' 행사를 했다. 그러던 것이 조선총독부의 문화 말살정책과 대한제국 이후 신파연극이나 영화 등에 밀려 현재는 거의 사라졌다. 강원도 강릉지방의 강릉단오굿, 법성포 단오제 등이 겨우 명맥을 잇고 있다. 다만, 북한은 해마다 단오를 민속명절이라 하여 휴식일로 정하고 하루를 쉰다고 한다.

▲ 그네뛰기

5

유두,
불편했던 이웃과 함께 웃는 날

설날, 단오, 한식, 한가위의 4대 명절 외에도 정월대보름, 초파일, 유두, 백중, 중양절, 동지도 명절로 지냈다. 하지만, 이제 유두와 백중(百中), 중양절 따위는 잊은 지 오래다. 유두에 유두국수를 먹고, 동쪽으로 흐르는 물에 머리를 감고, 유두천신에게 제사를 지내는 세시풍속은 이제 아쉽게도 거의 사라져 버렸다.

1) 물맞이하는 날

유두는 '동류두목욕(東流頭沐浴)'의 준말인데 이는 원기가 가장 왕성한 동쪽으로 흐르는 물에 머리를 감는다는 뜻이다. 이렇게 머리를 감고 목욕을 하면 액을 쫓고 여름에 더위를 먹지 않는다는 믿음을 가졌다. 신라 때는 유두를 이두문자로 '소두'(머리 빗다), '수두'라 썼다. 수두란 머리의 옛말 마리를 써서 '물마리' 라는 말인데 '물맞이' 라는 뜻이다. 요즘도 신라의 옛 땅인 경상도에서는 유두를 '물맞이' 라 부른다. 유두는 폭포에서 떨어지는 물을 맞았다는 말에서 유래하였다고 본다.

유두에 관한 기록을 보면 신라 때부터 명절로 지낸 것으로 짐작된다. 13세기 고려 희종 때 학자 김극기의 ≪김거사집(金居士集)≫에 "동도(東都), 곧 경주의 풍속에 6월 15일 동쪽으로 흐르는 물에 머리를 감아 액(厄)을 떨어버리고 술 마시고 놀면서 유두잔치를 한다." 라는 기록이 있다. 근대에 보면 최남선의 ≪조선상식(朝鮮常識)≫ 풍속편에 여자들의 물맞이 장소로 서울의 정릉 계곡, 광주의 무등산 물통폭포, 제주도의 한라산 성판봉폭포 따위를 꼽았다. 이승만의 ≪풍류세시기≫에는 그밖에 소나무숲과 물이 좋은 악박골, 사직단이 있는 활터 황학정 부근과 낙산 밑 따위가 좋은 곳이라 했다. 이렇게 근대까지도 유두는 분명 우리의 명절이었다.

2) 불편한 이웃과 함께 웃는 날 유두

※ 유두천신(流頭薦新)·유두연(流頭宴)

유두천신은 유두의 대표적인 풍속이다. 이는 유두날 아침 유두면, 상화떡, 연병, 수단(水團), 건단(乾團)과 피, 조, 벼, 콩 따위의 여러 가지 곡식을 참외나 오이, 수박 등과 함께 사당에 올리고 제사를 지내는 것을 말한다. 효심이 강했던 옛날에는 새 과일이 나도 먼저 조상에게 올린 다음 먹었다. 논의 물꼬와 밭 가운데에 차려놓고 농사신에게 풍년을 비는 고사를 지냈다. 그리고 논밭에 음식물을 묻은 다음 제사를 마쳤다. 선비들은 이 날 술과 고기를 장만하여 계곡이나 정자를 찾아가서 시를 읊으며 하루를 즐기는 '유두연(流頭宴)'을 했다.

① **유두국수** : 유두의 대표 음식. 유두국수는 햇밀로 국수를 만들어 닭국물에 말아먹는데, 수명이 길어진다고 믿었다. 구슬 같은 모양으로 만들어 오색으로 물들인 후 세 개씩 포개어 색실에 꿰어 몸에 차거나 문에 매달면 액을 막는다고 했다.

② **수단(水團)** : 찹쌀과 밀가루로 흰떡처럼 빚어 쪄서 냉수에 헹구어 물기가 마르기 전에 꿀물에 넣고 실백잣을 띄운 것이다.

③ **편수** : 밀가루 반죽을 얇게 밀어 호박이나 오이 채 썬 것을 넉넉히 넣고 찌거나 차가운 장국에 띄워 먹는 음식

④ **밀쌈** : 밀전병을 얇게 부쳐서 오이, 버섯, 고기 등을 가늘게 채 썰어 볶아 넣거나 깨를 꿀에 버무려 넣은 것

⑤ **상화떡(霜花餠)** : 밀가루를 누룩이나 막걸리로 반죽하여 부풀려 꿀팥으로 만든 소를 넣고 빚어 시루에 찐 것

⑥ **건단(乾團)** : 꿀물에 담그지 않고 그냥 먹는 경단 같은 떡

⑦ **미만두** : 더운 계절에 먹는 만두로 해삼 모양으로 빚어 찌거나, 냉국에 띄워 먹는데 궁궐에서는 규아상이라 불렀다.

⑧ **구절판** : 아홉 칸으로 나눈 그릇에 각각의 밀쌈 음식이 담아 나오는 것

▲ 음력 6월 15일 유두날에 먹는 명절음식들(왼쪽부터 시계방향으로)
구절판, 밀쌈, 상화병, 규아상(미만두)

3) 유두는 불편한 이웃과 같이 웃는 날

유두에는 식구, 친지나 일을 같이할 사람과 동쪽으로 흐르는 맑은 물을 찾아가 머리를 씻고, 술을 돌려 마심으로써 공동체임을 확인한다. 그래서 이 풍속을 다산 정약용은 '계'의 뿌리로 보고 있다. 특히 유두는 식구나 친지뿐만 아니라 불편한 이웃과 갈등을 깨끗이 풀고 하나가 되는 아름다운 명절이다. 평소 미워하던 사람과 같이 머리를 감으면서 화해를 하는 것이다. 이제 현대인들이 유두를 명절로 지내지는 않더라도 이 날의 의미를 새기며 불편한 이웃과 웃을 수 있는 하루를 만들면 얼마나 좋을까?

특정한 날에 오는 비,
유두비·태종우·광해군의 비·견우직녀의 비·삼복우·남강우

우리 겨레는 특정한 날에는 반드시 비가 내린다고 생각했다. 음력 5월 10일은 꼭 비가 내리는데, 이는 태종임금의 비, 곧 '태종우'로 풍년이 든다고 믿었다.

제주도에서는 7월 1일 내리는 비를 이곳에 유배되어 가시울타리 속에서 죽은 광해군의 한이 맺혀 내리는 것이라 한다. 칠석날에는 견우직녀의 비가 내린다 하고, 삼복에 내리는 비를 '삼복우', 음력 6월 29일 진주지방에 내리는 비를 '남강우'라 했다.

이처럼 유두에도 비가 온다고 하는데, 비가 내리면 연 사흘을 내린다. 유두날은 연중 집안에 갇혀 살아야 했던 부녀자에게 나들이가 허락되는 날인데, 이 날 비가 내려 외출을 못하면 나들이를 못한 여자들의 한이 커져서 사흘이나 비가 내린다고 여겼다.

6

토종 연인의 날
칠월칠석

"밤한울 구만리엔 은하수가 흘은다오 / 구비치는 강가에는 남녀 두 별 있엇다오/ 사랑에 타는 두 별 밤과 낮을 몰으것다 / 한울이 성이 나서 별하나를 쪼치시다 / 물건너 한편바다 떠러저 사는 두 별 / 추야장(秋夜長) 밤이길다 견듸기 어려워라 / 칠석날 하로만을 청드러 만나보니 / 원수의 닭의소리 지새는날 재촉하네 / 리별이 어려워라 진정으로 난감하다 / 해마다 눈물흘러 흔하수만 보태네" 이는 1934년 11월에 나온 ≪삼천리≫ 잡지에 실린 월탄 박종화의 〈견우직녀〉 시다. 칠월 칠석은 견우와 직녀가 만나는 양수가 겹치는 명절이다.

이날은 목동 견우(牽牛)와 베짜는 공주 직녀(織女)의 애틋한 전설과 함께 상봉의 다리를 놓아 주는 까마귀[오(烏)]와 까치[작(鵲)]의 오작교(烏鵲橋)이야기가 있다. 칠석 전날에 비가 내리면 견우와 직녀가 타고 갈 수레를 씻는 '세거우(洗車雨)'라고 하고, 칠석 당일에 내리면 만나서 기뻐 흘린 눈물의 비라고 하며, 다음 날 새벽에 내리면 헤어짐의 슬픔 때문에 '쇄루우(灑淚雨)'가 내린다고 한다. 또 칠석에는 까마귀와 까치가 오작교를 만들려고 하늘로 올라갔기 때문에 한 마리도 보이지 않고, 또 이날은 유난히 부슬비가 많이 내린다.

칠석의 세시풍속

바늘에 실꿰기

이날 아낙들은 바늘 한 쌈을 미리 준비하고 있다가 밤이 되면 별빛 아래서 실을 꿴다. 그 중에서 단번에 실이 꿰어진 바늘을 잘 간수해두었다가 집안에 과거 보는 사람이 있으면 그 바늘을 그 사람의 옷에 몰래 꽂아주면 틀림없이 합격한다고 믿는다. 이것은 어두운 곳에서 실을 쉽게 꿴 바늘이 어려운 시험에 쉽게 합격시킬 수 있다고 믿는 것이다.

또한 칠석날 저녁에 어머니들이 색실을 꿰어 자식의 오지랖에 꽂아두는 것을 '양밥한다'라고도 하며 자식을 위한 풍속으로 '색실 달기', '골무 물에 띄워 보내기' 풍속 따위도 있다. 골무를 물에 띄워 보내는 풍속은 칠석날 밤 세 가지 빛깔의 헝겊으로 골무를 만들고, 여기에 바늘을 꽂아 물에 띄워 보낸다. 또 마을이나 일가에서 낳은 맏아들의 배냇저고리를 조금 떼어서 저고리에 꽂으면 시험을 잘 볼 수 있을 것이라 믿었으며, 군위에서는 이날 열아홉 살 된 처녀가 가지밭에 앉아서 별빛에 실을 끼워 남편이나 자식이 과거를 보러 갈 때 등 뒤 깃고대에 끼워주면 합격한다고 생각했다. 경남 지역에서는 칠석날 저녁 어머니들이 오색의 실을 엮어서 어린 자식의 오지랖에 꿰어두는데 이렇게 하면 과거 운이 트인다고 여겼다.

바느질을 잘하게 해달라고 빌기

칠월칠석 아낙들은 장독대 위에 정화수를 떠놓거나 우물을 퍼내어 깨끗이 한 다음 시루떡을 놓고 식구들이 병 없이 오래 살고 집안이 평안하게 해달라고 칠성신에게 빌었다. 또 처녀들은 견우성와 직녀성을 바라보며 바느질을 잘하게 해달라고 빌었는데 이것을 걸교(乞巧)라 했다. 장독대 위에다 정화수를 떠놓은 다음 그 위에 고운 재를 평평하게 담은 쟁반을 놓고 다음날 재 위에 무엇인가 지나간 흔적이 있으면 바느질 솜씨가 좋아진다고 믿었다.

책과 옷가지 포쇄하기

칠석 때는 장마에 축축해진 옷가지와 책이 곰팡이가 설지 않도록 바람을 쐬는 거풍(擧風)이란 풍속도 있었는데 이것은 햇볕을 쐬는 포쇄(曝曬)라는 풍속과 비슷한 일로 보인다. 서당 소년과 선비들은 견우성과 직녀성을 두고 시를 짓거나 공부 잘할 것을 비는 풍속도 있었다.

시절음식으로 밀전병, 밀국수, 과일 화채 등이 있었고, 시루떡 중 붉은팥을 얹어 찐 버무리떡과 다른 부재료를 안 쓰고 흰 쌀가루만으로 찐 백설기를 즐겨 먹었다.

칠석날은 토종연인의 날

요즘은 매달마다 무슨 "데이"가 없는 때가 없다. 그리고 이날이 신종 명절이 되었다. 하지만, 이런 날들은 거의가 상술로 만들어진 날이다. 일본의 모리나가제과에서 매출을 늘릴 목적으로 만든 밸런타인데이와 화이트데이는 물론 다이어리데이, 블랙데이, 로즈데이, 키스데이, 포토데이, 와인데이, 허그데이, 할로윈데이, 빼빼로데이까지 이젠 '데이'로 한해가 시작하고 끝나는 세상이 되어버렸다. 그러나 이런 신종 명절은 상술에 휘둘리는 것에 다름이 아니다. 이보다는 토종 연인의 날을 찾아 즐기는 것은 어떨까?

정월대보름, 경칩과 함께 칠석도 토종 연인의 날로 손색이 없다. 미혼 남녀가 탑을 돌다가 눈이 맞으면 사랑을 나누는 '탑돌이'의 정월대보름, 젊은 남녀들이 서로 사랑을 확인하기 위해 은밀히 은행을 나누어 먹고, 수나무 암 나무를 도는 사랑놀이를 했던 경칩, 시집가는 날 신랑 신부가 같이 입을 댈 표주박을 심고, 반달 모양의 짝떡을 먹으며 마음 맞는 짝과 결혼하게 해달라고 빌었던 칠월칠석은 신종 명절보다는 훨씬 아름다운 날이 될 것이다.

7

호미씻이 하는
백중

　음력 7월 보름은 백중으로 사당이나 조상의 무덤에 차례를 지내는 속절(俗節)이며, 백종, 중원, 망혼일이라고도 한다. 이날 즐기는 풍속으로 '호미씻이'가 있는데 그 해에 농사가 가장 잘 된 집의 머슴을 뽑아 얼굴에 검정 칠을 하고 도롱이를 입히며, 머리에 삿갓을 씌워 우습게 꾸민 다음 지게 또는 사다리에 태우거나 황소 등에 태워 집집마다 돌아다닌다. 그 때 집주인들은 이들에게 술과 안주를 대접한다.

　이 호미씻이는 지방에 따라서 초연(草宴), 풋굿, 머슴날, 장원례(壯元禮)로도 불린다. 또 마을 어른들은 머슴이 노총각이나 홀아비면 마땅한 처녀나 과부를 골라 장가를 들여 주고 살림도 장만 해 주는데, 옛말에 '백중날 머슴 장가간다.'라는 말이 여기서 생겼다. 백중날 시절음식은 밀전병, 밀개떡, 호박부침, 100 가지 나물들이 있다.

▲ 백중날의 세시풍속, 호미씻이

8

더도 덜도 말고
가윗날만 같아라, 한가위

우리 겨레 명절 가운데 '한가위'는 가장 큰 명절이다. ≪열양세시기≫에 있는 '더도 덜도 말고, 늘 가윗날만 같아라!'는 말처럼 한가위는 햇곡식과 과일들이 풍성한 좋은 절기로 '5월 농부, 8월 신선'이라는 말이 실감이 날 정도다.

1) 한가위의 유래와 말밑(어원)

한가위는 음력 팔월 보름날로 추석, 가배절, 중추절, 가위, 가윗날 따위로 불린다. '한가위'라는 말은 '크다'는 뜻의 '한'과 '가운데'라는 뜻의 '가위'라는 말이 합쳐진 것으로 8월 한가운데 있는 큰 날이라는 뜻이다. 또 '가위'라는 말은 신라 때 길쌈놀이(베짜기)인 '가배'에서 유래한 것인데 다음과 같은 ≪삼국사기≫의 기록에서 찾아볼 수 있다.

"신라 유리왕 9년에 국내 6부의 부녀자들을 두 편으로 갈라 두 왕
녀로 하여금 그들을 이끌어 음력 열엿새 날인 7월 기망(旣望)부터 길
쌈을 해서 8월 보름까지 짜게 하였다. 그리고 짠 베의 품질과 양을 가
늠하여 승부를 결정하고, 진편에서 술과 음식을 차려 이긴 편을 대접
하게 하였다. 이 날 달 밝은 밤에 임금과 백관 대신을 비롯해 수십만
군중이 지켜보는 가운데 왕녀와 부녀자들이 밤새도록 '강강술래'와
'회소곡(會蘇曲)'을 부르고, 춤을 추며 질탕하고 흥겹게 놀았다. 이것
을 그 때 말로 '가배→가위'라고 하였다."

한가위의 다른 이름인 중추절(仲秋節)과 추석秋夕)에 대해 알아보자.
중국에서는 가을을 셋으로 나눠 음력 7월을 맹추(孟秋), 8월을 중추
(仲秋), 9월을 계추(季秋)라고 불렀는데 그에 따라 8월 보름을 중추라
한 것이다. 또 추석은 5세기 송나라 학자 배인의 ≪사기집해(史記集解)
≫의 "추석월(秋夕月)"이란 말에서 유래한다. 여기서 "추석월"의 뜻은
천자가 가을 저녁에 달에게 제사를 드린다는 뜻이었으나 중국 사람들
은 이 말을 거의 쓰지 않는다. 따라서 추석이나 중추절처럼 말밑이 분
명하지 않은 말보다는 토박이말 '한가위'로 부르는 게 좋을 일이다.

2) 한가위의 세시풍속, 반보기와 밭고랑 기기

추석에 행해지는 세시풍속으로는 벌초(伐草), 성묘(省墓), 차례(茶禮), 소놀이, 거북놀이, 강강수월래, 원놀이, 가마싸움, 반보기, 올게심니, 밭고랑 기기 등을 들 수 있다.

그중 가장 보편적인 풍속은 벌초와 성묘 그리고 차례다. 한가위 때 반드시 벌초를 하는 것이 자손의 도리로 여겼으며, 한가위의 이른 아침에 사당을 모신 종가(宗家)에 모여 차례를 지낸다. 그리고 성묘를 가는 것이 순서다.

① **소놀이** : 풍물패를 따라 소를 흉내 내며, 온 마을을 다니며 노는 놀이. '소놀이'를 할 때는 그 해 농사를 가장 잘 지은 집 머슴을 상머슴으로 뽑아 소등에 태우고 마을을 돈다.

② **거북놀이** : 수수잎을 따 거북이 등판처럼 엮어 등에 메고, 엉금엉금 기어 거북이 흉내를 내는 놀이. 이 거북이를 앞세우고 "동해 용왕의 아드님 거북이 행차시오!"라고 소리치며, 풍물패와 함께 집집이 방문한다. 대문에서 문굿으로 시작하여 마당, 조왕(부엌), 장독대, 곳간, 마구간, 뒷간 그리고 마지막에는 대들보 밑에서 성주풀이를 한다. 조왕에 가면 "빈 솥에다 맹물 붓고 불만 때도 밥이 가득, 밥이 가득!" 마구간에 가면 "새끼를 낳으면 열에 열 마리가 쑥쑥 빠지네!"하면서 비나리를 한다. 이렇게 집집을 돌 때 주인은 곡식이나 돈을 형편껏, 성의껏 내놓고 이것을 잘 두었다가 마을의 공동기금으로 쓴다.

③ **강강술래** : 손에 손을 잡고 둥근 달 아래에서 밤을 새워 돌고 도

는 한가위 놀이다. 이 놀이는 이순신 장군이 왜적을 물리칠 때 의병술로 시작한 것이라는 설이 있으며, 또 이러한 집단 원무의 시작은 원시 공동체일 것이라고 주장하기도 한다. 강강술래는 둥글게만 돌지 않고 갖가지 놀이판으로 바뀌면서 민요를 곁들인다.

"하늘에는 별도 총총 강강술래 / 동무 좋고 마당 좋네 강강술래 / 솔밭에는 솔잎 총총 강강술래 / 대밭에는 대도 총총 강강술래 / 달 가운데 노송나무 강강술래"앞소리꾼이 소리를 내면, 모두는 받아서 강강술래로 메긴다. 새벽이 부옇게 움터올 때까지 강강술래는 그칠 줄을 모른다.

④ **원놀이** : 서당에서 공부하는 학동들이 원님을 뽑아서 백성이 낸 송사를 판결하는 놀이로 일종의 모의재판.

⑤ **가마싸움** : 이웃서당의 학동들끼리 만든 가마를 부딪쳐서 부서지는 편이 진 것으로 하는 놀이다. 이긴 편에서 그 해에 과거시험에 급제한다는 믿음이 있다.

⑥ **올게심니(올벼심리)** : 한가위를 전후해서 잘 익은 벼, 수수, 조 같은 곡식의 이삭을 한 줌을 묶어 기둥이나 대문 위에 걸어 두고, 다음해에 풍년이 들게 해 달라고 비는 풍습이 있는데 이때 음식을 차려 이웃과 함께 잔치를 하기도 한다. 올게심니한 곡식은 다음해에 씨로 쓰며, 떡을 해서 사당에 바치거나 터주에 올렸다가 먹는 게 전라도 풍속이다.

⑦ **풋바심** : 채 익지 않은 곡식을 철 따라 새로 난 과실이나 농산물을 먼저 돌아가신 조상에 올리는 일로 이를 천신(薦新)이라 한다. 또 새로 거둔 햅쌀을 성주단지에 새로 채워 넣으며 풍작을 감사하는 제를

지내기도 하는데 경상도 풍속이다.

⑧ **밭고랑 기기** : 전라남도 진도에서는 한가위 전날 저녁에 아이들이 밭에 가서 발가벗고 자기 나이대로 밭고랑을 긴다. 이때에 음식을 마련해서 밭둑에 놓고 하는 일도 있다. 이렇게 하면 그 아이는 몸에 부스럼이 나지 않고 밭농사도 잘된다고 믿는다.

▲ 한가위 보름달

3) 한가위의 시절 음식, 송편과 신도주

'설에는 옷을 얻어 입고, 한가위에는 먹을 것을 얻어먹는다.' 라는 우리나라 옛 속담에서도 알 수 있듯이 한가위는 곡식과 과일 등이 풍성한 때이므로 여러 가지 명절 음식이 있다.

≪동국세시기≫에는 송편, 시루떡, 인절미, 밤단자를 명절 음식으로
꼽았다. 〈농가월령가〉에는 신도주(新稻酒), 오려송편, 박나물, 토란
국 등을 이때의 명절음식이라고 했으며, 송이국, 호박, 박, 가지, 고구
마 따위를 납작납작하거나 잘고 길게 썰어 말린 것으로 국을 끓인 고
지국도 영동 지방에서는 별식으로 먹는다. 한가위 차례상에서 또 하나
빠질 수 없는 것이 바로 술이다. 한가위 때 마시는 술은 '백주(白酒)'
라고 하는데, 햅쌀로 빚었기 때문에 '신도주(新稻酒)'라고도 한다. 한
가위는 추수를 앞둔 때여서 사람들의 마음이 풍족해져 서로 술대접을
하는 일이 흔했다.

송편은 대표적인 한가위 음식이다. 송편에 꿀송편, 밤송편, 깨송편,
콩송편, 대추송편 따위가 있으며, 이때 솔잎을 깔아 맛뿐 아니라 향과
시각적인 멋도 즐겼다. 솔잎에는 살균물질인 피톤치드(phytoncide)가
다른 식물보다 10배 정도 많이 포함되어 있어 유해성분의 섭취를 막아
줄 뿐만 아니라 위장병, 고혈압, 중풍, 신경통, 천식 등에 좋다고 한다.
경상도 지방에서는 모시잎을 삶아 넣어 빛깔을 낸 모시잎 송편, 강원
도 지방에는 감자송편이 있다. 쑥송편, 치자송편, 호박송편, 사과송편
등도 별미다.

얼마 전만 해도 가정에서 온 식구가 둘러앉아 정담을 나누며 송편
을 빚는 정경이 아름다웠다. 송편을 잘 만들어야 예쁜 아기를 낳는다

는 말에 서로 은근히 솜씨 경쟁을 벌이기도 했으며, 빚은 송편이 예쁜 지 볼품이 없는지에 따라 배우자 될 사람의 얼굴도 그렇게 된다는 말을 믿었다. 또 임신한 부인들은 송편에 솔잎 한 가닥을 가로로 넣어 쪘는데, 찐 송편을 한쪽으로 베어 물어서 문 부분이 솔잎의 끝쪽이면 아들이고, 잎꼭지 쪽이면 딸이라고 했다. 세월이 풍속을 바꾸는 탓인지 점차 가정에서 송편을 빚는 모습을 보기가 어려워졌다. 어쩌면 세상살이가 힘들어진 탓일 수도 있으며, 개인주의가 만연되어 식구들의 정을 느끼지 못하는 것이 원인일 수도 있다. 한가위에는 온 식구가 둘러앉아 오순도순 얘기꽃을 피우며 송편을 빚어보는 행복함을 누려보면 어떨까?

9

국화주 마시며
등고하는 중양절

　중양절(重陽節)은 음력 9월 9일을 가리키는 날로 양수가 겹치는 명절의 하나다. 양수가 겹치는 모든 명절은 다 중양(重陽)이지만 특히 9월 9일을 가리켜 중양이라고 하며 중구(重九)라고도 한다. 음력 삼월 삼짇날 강남에서 온 제비가 이때 다시 돌아간다고 한다. 가을 하늘 높이 떠나가는 철새를 보며 한해의 수확을 마무리하는 계절이기도 하다.

중양절의 세시풍속, 등고회와 기로연

　등고회(登高會)는 중양절의 중요한 행사인데 산수유 주머니를 차고 국화주를 마시며 높은 산에 올라가는 풍속이다. 산수유의 붉은 열매로 악귀를 쫓는 의식이며, 국화주를 마시는 것은 늙어가는 것을 막으려는 뜻이 있다. 시를 짓고 술을 나누는 시주(詩酒) 행사도 했다. 특히 이날 나라의 행사로는 늙은 대신들을 위한 잔치인 기로연(耆老宴)을 하고, 특별히 과거시험을 열었다.

한편, 중양절은 농촌이 한창 바빠지는 때이기도 하다. 남자들은 그 해 논농사를 마무리하는 추수를 하고, 여자들은 마늘을 심거나 고구마를 거둔다. 지방에 따라서는 목화도 따야 하고, 또 콩, 팥, 조, 수수, 무, 배추 같은 밭작물의 파종과 수확이 겹친다. 그래서 중양절을 지내지 않는 곳도 있다.

추석 때 햇곡식으로 제사를 올리지 못한 집안에서는 뒤늦게 조상에게 제사를 지낸다. 떡을 하고 집안의 으뜸신인 성주신에게 밥을 올려 차례를 지내는 곳도 있다. 전남 고흥의 한 지역에서는 이때 시제(時祭)를 지냈다. 이언적(李彦迪)은 《봉선잡의(奉先雜儀)》에서 설날, 한식, 단오, 중추와 함께 중양을 속절로 여겨 아침 일찍 사당에 들러 천식(薦食)하고 이어 무덤 앞에서 전배(奠拜)한다고 하였다.

중양절의 명절음식, 국화전과 국화주

중양절은 국화가 활짝 피는 때이므로 국화주, 국화전을 만들어 먹는다. 국화주는 꽃을 따서 술 한 말에 꽃 두 되 꼴로 베주머니에 넣어 술독에 담아 뚜껑을 덮어둔다. 약주에 국화꽃을 띄워 국화주를 즐길 수도 있다. 화전, 화채, 술에 모두 쓰이는 국화는 재래종인 감국(甘菊)이어야 향기도 좋고 오랫동안 싱싱하다.

국화전은 노란 국화꽃잎을 따서 찹쌀가루로 반죽하여 둥근 떡을 만드는데 삼월 삼짇날의 진달래떡처럼 이름도 화전(花煎)이라고 한다. 봄의 진달래 화전은 율무를 많이 쓰는 반면 가을의 국화전은 찹쌀가루를 많이 쓴다.

추석때는 햇곡으로 제사 지내기가 일러 추수가 마무리되는 중양절에 중구차례를 지내기도 했다. 조선시대에 이날 나이드신 어르신을 위한 기로연을 베풀었으며 민간에서도 국화주를 마시며 장수를 기원했다.

▲ 중양절엔 선비들이 등고회를 가졌다.

24절기에 담긴 의미와
풍속들

농경사회에서는 농사를 지으려면 씨를 뿌리고, 추수를 하기에 가장 좋은 날씨를 알아야 하기 때문에 계절의 변화에 민감할 수밖에 없다. 이를 위해 조선시대 임금은 "관상수시(觀象授時)" 곧 '농경사회 지배자가 해야 할 중요한 일인 하늘을 보고 농경에 필요한 절기를 정하여 알리는 일'을 해야만 했다. 그래서 옛 사람들은 계절의 변화에 따라 절기를 만들어 낸 것이다.

달력에는 태음력(太陰曆), 태양력(太陽曆), 태음력과 태양력을 절충한 우리가 그냥 음력이라 부르는 태음태양력(太陰太陽歷) 따위가 있다. 그런데 태음태양력은 태음력과 태양력을 절충했어도 원래 달의 움직임에 맞춘 것으로 해의 움직임에 따라 결정되는 계절의 변화와 잘 맞지 않았다. 이런 문제를 보완하려고 해의 움직임을 표시해주는 24절기를 만들어 같이 썼다.

하늘에서 해가 1년 동안 움직이는 길, 곧 지구의 공전운동으로 해의 위치가 하루에 1도씩 이동하여 생기는 길을 황도(the Ecliptic)라 부른다. 이 황도가 0도일 때는 해가 남쪽에서 북쪽으로 향해 적도를 통과하는 춘분점(春分點)에 있을 때인데 이때를 '춘분', 15도 움직인 때를 '청명,' 계속해서 15도 이동하면 '곡우'가 된다.

다만, 이 24절기가 계절의 특성을 나타내는 것은 분명한데 원래 중국 주(周)나라 때 화북지방의 기후에 맞춰진 것이어서 우리나라와는 잘 맞지 않는다. 더구나 옛날과 견주어 기후와 생태계가 많이 달라져서 어긋나기도 한다. 그러나 우리 겨레가 오랫동안 이에 맞춰 살아왔다는 점을 기억하고, 현대인에게도 새롭게 해석할 의미가 있는지 찾아볼 일이다.

24 절 기 표

계 절	절기 이름	양력날짜	황도	절기의 특징
봄	입춘(立春)	2월 4일	315°	봄의 문턱
	우수(雨水)	2월 19일	330°	날씨가 풀려 봄비가 내림
	경칩(驚蟄)	3월 5일	345°	개구리가 겨울잠에서 깸
	춘분(春分)	3월 20일	0°	낮이 길어지기 시작
	청명(淸明)	4월 5일	15°	봄 농사 준비
	곡우(穀雨)	4월 20일	30°	농사를 재촉하는 비가 내림
여름	입하(立夏)	5월 5일	45°	여름에 들어감
	소만(小滿)	5월 21일	60°	본격적인 농사의 시작
	망종(芒種)	6월 5일	75°	씨 뿌리기, 모내기와 가을보리 수확
	하지(夏至)	6월 21일	90°	한해 가운데 낮이 가장 김
	소서(小暑)	7월 7일	105°	여름 더위의 시작
	대서(大暑)	7월 23일	120°	가장 큰 더위와 장마
가을	입추(立秋)	8월 7일	135°	가을의 시작
	처서(處暑)	8월 23일	150°	더위 가고, 일교차가 커짐
	백로(白露)	9월 7일	165°	풀잎에 이슬이 맺힘
	추분(秋分)	9월 23일	180°	밤이 길어지는 때, 중용과 겸손
	한로(寒露)	10월 8일	195°	찬 이슬이 내리기 시작
	상강(霜降)	10월 23일	210°	서리가 내리는 때
겨울	입동(立冬)	11월 7일	225°	겨울에 들어섬
	소설(小雪)	11월 22일	240°	살얼음이 얼고 첫눈이 내림
	대설(大雪)	12월 7일	255°	큰눈이 내림
	동지(冬至)	12월 22일	270°	한해 가운데 밤이 가장 김, 작은 설[亞歲]
	소한(小寒)	1월 5일	285°	겨울 중 가장 추운 때
	대한(大寒)	1월 20일	300°	겨울 큰 추위

1

입춘은
적선공덕행 하는 날

1) 입춘의 의미

▲입춘날 입춘축을 대문에 붙여야 복이 들어온다고 믿었다.

입춘은 대한과 우수 사이에 있는 음력 정월(正月) 절기(節氣)로 해가 황도 315도에 있을 때이고, 양력으로는 2월 4일 무렵이다. 음력으로는 섣달에 들기도 하고 정월에 들기도 하며, 윤달이 들은 해에는 반드시 섣달(12월)과 정월에 입춘이 두 번 들게 된다. 이것을 복입춘(複立春), 또는 재봉춘(再逢春)이라고 한다.

옛사람들은 입춘 15일간을 5일씩 3후(候)로 나누어 초후(初候)에는 동풍이 불어서 언 땅을 녹이고, 중후(中候)에는 겨울잠을 자던 벌레가 움직이기 시작하고, 말후(末候)에는 물고기가 얼음 밑을 돌아다닌다고 하였다. 입춘 전날은 절분(節分)으로 불리고, 절기의 마지막이라는 의미로 '해넘이'라고도 불리면서 이날 밤 콩을 방이나 문에 뿌려 악귀를 쫓고 새해를 맞이한다. '보리 연자 갔다가 얼어 죽었다'는 말은 입춘이 지나도 추위는 가지 않는다는 뜻이다.

2) 입춘의 세시풍속

① **입춘방** : 입춘이 되면 새봄을 맞이하는 뜻으로 손수 새로운 글귀를 짓거나, 옛사람의 아름다운 글귀를 따다가 '춘련(春聯)' 곧 입춘방을 붙인다. 이 춘련들은 집안의 기둥이나 대문, 문설주 등에 두루 붙인다. 춘련에 흔히 쓰이는 글귀는 "입춘대길(立春大吉) 건양다경(建陽多慶)", "수여산(壽如山)부여해(富如海)", "소지황금출(掃地黃金出) 개문백복래(開門百福來)" 등이 있다.

조선 시대에 천문, 지리, 일기예보를 맡아 보던 관청인 관상감(觀象

監)에서는 주사(朱砂)라는 붉은 물감으로 귀신을 쫓는 글인 '신다울루(神茶鬱壘)'를 써서 궁중의 문설주에 붙여 둔다.

'흥부집 기둥에 입춘방(立春榜)'이란 속담이 있다. 잠결에 기지개를 켜면 발은 마당 밖으로 나가고, 두 주먹은 벽 밖으로 나가며, 엉덩이는 울타리 밖으로 나가 동네 사람들이 거치적거린다고 궁둥이 불러들이라고 하여 깜짝 놀라 일어나 앉아 대성통곡하는 그런 집을 말한다. 그런 집 기둥에 입춘방을 써 붙였으니 '격에 맞지 않음'을 빗대는 말이다.

立春大吉 建陽多慶 : 입춘이 되니 크게 길할 것이요 따스한 기운이
　　　　　　　　　　도니 경사가 많으리라
國泰民女 家給人足 : 나라는 태평하고 백성은 편안하며 집집마다
　　　　　　　　　　풍족하고 사람마다 넉넉하리
掃地黃金出 開門萬(白)福來 : 땅을 쓸면 황금이 나오고 문을 열면
　　　　　　　　　　　　　많은 복이 들어오리라
壽如山 富如海 : 산처럼 오래살고 바다처럼 부유하게 되리라
天下太平春 四方無一事 : 온 세상 태평한 봄이요 사방 어느 곳에도
　　　　　　　　　　　탈 없기를 비노라

② **아홉 차리** : 이날은 각자 맡은 바에 따라 아홉 번씩 일을 되풀이하면 한 해 동안 복을 받고, 그렇지 않으면 액이 생긴다고 생각했다.

③ **적선공덕행(積善功德行)** : 입춘이나 대보름날 전날 밤에는 많은 사람에게 도움이 되는 좋은 일을 꼭 해야 일 년 내내 액(厄)을 면한다는 '적선공덕행(積善功德行)'이란 풍속도 있었다.

"입춘날 절기 좋은 철에 / 헐벗은 이 옷을 주어 구난공덕(救難功德) 하였는가 / 깊은 물에 다리 놓아 월천공덕(越川功德) 하였는가 / 병든 사람 약을 주어 활인공덕(活人功德)하였는가 / 부처님께 공양드려 염불공덕(念佛功德)하였는가" 이와같은 상엿소리처럼 사람들은 입춘날 적성공덕행을 하지 않으면 죽어서 염라대왕에게 심판받는다고 생각했다.

④ **입춘수(立春水)** : 입춘(立春) 전후에 받아 둔 빗물을 말한다. 이 물로 술을 빚어 마시면 아들 낳고 싶은 남정네의 기운을 왕성하게 해 준다고 생각했다. 참고로 가을풀에 맺힌 이슬을 털어 모은 물은 추로수(秋露水)인데 이 물로 엿을 고아 먹으면 온갖 병을 예방한다는 믿음이 있었다. 하지만, 산성비가 내리는 요즘에는 이런 풍속을 이어갈 수가 없다.

⑤ **농사점** : 입춘은 농사의 기준이 되는 24절기의 첫 번째이기 때문에 보리뿌리를 뽑아보아 농사가 풍년일지, 흉년일지를 가려보는 농사점을 친다. 또, 오곡의 씨앗을 솥에 넣고 볶아서 맨 먼저 솥 밖으로 튀어 나오는 곡식이 그 해 풍작이 된다는 믿음을 갖고 있었다.

⑥ **신구간(新舊間)** : 매년 대한 5일 후부터 입춘 3일 전까지의 기간으로 제주도에서 있는 고유한 풍습인데 한 해에 한 번씩 있는 신들 사이의 자리바꿈 기간으로 이때는 땅 위의 모든 신들이 옥황상제께 새로운 임무를 부여받고자 하늘로 올라간다고 한다. 그래서 신들이 없는 시기가 되는데 이때에 이사를 하거나 해 묵은 집수리를 하면 동티(액, 곧 나쁜 일)를 막을 수 있다고 하는 풍습이다.

3) 입춘의 시절음식

① **오신채** : 입춘(立春)날 먹는 시절음식은 오신채(五辛菜)라는 다섯 가지 매운맛이 나는 모듬 나물이다. 파, 마늘, 껍질이 누런 자줏빛이고 속은 흰색인 파보다 더 매운 파인 자총이(紫葱-), 달래, 평지(유채), 부추, 파마늘과 비슷한 무릇 그리고 미나리같은 노랗고 붉고 파랗고 검고 하얀, 곧 우리 겨레가 좋아하는 오방색을 골라 무쳤다.

② **탕평채** : 조선의 영조임금이 당파 싸움을 없애려고 탕평책을 논하였던 날 처음 선을 보여서 얻어진 이름의 음식. 녹두묵을 젓가락 굵기로 썰어서 참기름, 소금으로 가볍게 버무려 담고 숙주, 짧게 자른 미나리, 물쑥 등은 데치고, 다진 고기는 볶고, 김 부순 것, 달걀 황백 지단은 채 썰어 옆옆이 담아, 달고 새콤한 초장을 뿌려서 먹는다.

③ **그 밖의 시절음식** : 뿌리를 당귀라 하여 약재로 쓰는 승검초[辛甘菜]와 쇠고기 등을 길쭉길쭉하게 썰어 갖은 양념을 하여 대꼬챙이에 꿰어 구운 산적(散炙), 죽순 나물, 죽순찜, 달래나물, 달래장, 냉이 나물, 산갓 김치.

④ **장 담그기** : 장은 입춘 전 아직 추위가 덜 풀린 이른 봄에 담가야 소금이 덜 들어 삼삼한 장맛을 낼 수 있다. 메주는 늦가을(음력 10월)에 쑤어 겨우내 띄운 것이 맛있다. 장은 팔진미 곧 아주 맛있는 음식의 주인이어서 장이 없으면 모든 음식이 제 맛을 낼 수가 없음은 당연하다고 생각했다. '입춘(立春) 날 무우 순(筍) 생채(生菜)냐'라는 옛 속담이 있다. 맛있거나 신나는 일을 빗댈 때 입춘 시식(立春 時食)으로 먹던 무우순 생채에 비유했었다. 아무튼, 음식도 제철 음식이 가장 맛있고 보약인 셈이다.

2

봄비와 함께 찾아오는 우수

어쩌면 기다리고 기다리던 봄은 봄비와 함께 꿈을 가지고 오는지도 모른다. 그 봄비가 겨우내 얼었던 얼음장을 녹이고, 새봄을 단장하는 예술가인지도 모른다. 그래서인지 봄비를 기다려 본다. 봄가뭄이 드는 우수엔 봄비가 오셨으면 좋겠다. 벌써 저 산모퉁이에는 마파람이 향긋한 봄내음을 안고 달려오고 있을까? 동네 아이들은 양지쪽에 앉아 햇볕을 쬐며, 목을 빼고 봄을 기다린다.

우수는 입춘과 경칩 사이에 있는 두 번째의 절기로 양력 2월 19일이나 20일에 온다. 옛사람은 우수 15일간을 3후로 나누어 초후(初候)에는 수달이 물고기를 잡아다 놓고, 중후(中候)에는 기러기가 북쪽으로 날아가며, 말후(末候)에는 풀과 나무에 싹이 튼다고 하였다.

흔히 양력 3월에 꽃샘추위가 기승을 부리지만 예로부터 '우수, 경칩에 대동강 물이 풀린다'고 할 만큼 이맘때 날씨가 많이 풀리고 봄바람이 불기 시작하는 시기로서 새싹이 난다. 봄에 잎과 꽃이 필 무렵 겨울 동장군은 선뜻 물러나지 않겠다는 듯 꽃이 피는 것을 시샘하여 아직도 꽤 쌀쌀하게 추운 바람을 불어낸다. "꽃샘 잎샘 추위에 반늙은이 (설늙은이) 얼어 죽는다"는 속담이 있다. 계절에 나누는 전래의 인사에도 "꽃샘 잎샘에 집안이 두루 안녕하십니까?"라는 것도 있다. 이 꽃샘추위를 한자말로는 꽃 피는 것을 샘하여 아양을 피운다는 뜻을 담은 말로 화투연(花妬妍)이라 한다.

▲ 대동강물도 풀린다는 우수

3
경칩에 생각해보는
봄의 의미

경칩은 24절기의 셋째로 양력 3월 6일 무렵이며, 해의 황경이 345도이다. 봄이 되어 겨울잠을 자던 동물들이 깨어난다고 하여 계칩(啓蟄)이라고도 하는데, 풀과 나무에 물이 오르고, 겨울잠을 자던 동물, 벌레들도 잠에서 깨어나 꿈틀거리기 시작한다는 뜻에서 이러한 이름이 붙었다.

경칩에는 개구리 알을 먹으면 허리 아픈 데 좋고 몸에 좋다고 해서 이날 개구리 알 찾기가 혈안이 되기도 한다. 지방에 따라선 도롱뇽 알을 건져 먹기도 한다. 단풍나무나 고로쇠나무에서 나오는 즙을 마시면 위병이나 성병에 효과가 있다고 해서 약으로 먹는 지방도 있다.

흙일(토역:土役)을 하면 탈이 없다고 해서 이날 담벽을 바르거나 담장을 쌓는다. 경칩 때 벽을 바르면 빈대가 없어진다고 해서 일부러 흙벽을 바르는 지방도 있다고 한다. 빈대가 심한 집에서는 물에 재를 타서 그릇에 담아 방 네 귀퉁이에 놓아두면 빈대가 없어진다는 속설이 전한다. 경칩날에 보리 싹의 자람을 보아 그해 농사가 풍년이 들 것인지 점치기도 한다.

경칩은 토종 연인의 날

옛날에는 경칩날 젊은 남녀들이 서로 사랑을 확인하는 징표로써 은행 씨앗을 선물로 주고받으며, 은밀히 은행을 나누어 먹는 풍습도 있었다. 이날 날이 어두워지면 동구 밖에 있는 수나무 암 나무를 도는 사랑놀이로 정을 다지기도 했다. 그래서 경칩은 정월대보름, 칠월칠석과 함께 토종 연인의 날이리고 한다.

▲ 개구리가 깨어난다는 경칩

4

아직 꽃샘바람이 매서운
춘분

춘분은 봄절기의 가운데로 해의 중심이 춘분점 위에 왔을 때이며, 양력 3월 21일 앞뒤이다. 해는 적도 위를 똑바로 비추고 지구 위에서는 낮과 밤의 길이가 같다. 이 날은 밤낮의 길이가 같지만, 실제로는 태양이 진 후에도 얼마간은 빛이 남아 있기 때문에 낮이 좀 더 길게 느껴진다.

춘분점은 해가 남쪽에서 북쪽을 향하여 적도를 통과하는 점이다. 춘분을 즈음하여 농가에서는 농사준비에 바쁘다. 특히, 농사의 시작인 논이나 밭을 첫 번째 가는 초경(初耕)을 엄숙하게 행하여야만 한 해 동안 걱정 없이 풍족하게 지낼 수 있다고 믿는다. 또 이때를 전후하여 꽃씨앗을 뿌린다. 그리고 아울러 꽃밭의 흙을 일군다.

또 음력 2월 중에는 바람이 많이 분다. "2월 바람에 김치독 깨진다", "꽃샘에 설늙은이 얼어죽는다"라는 속담이 있듯이, 2월 바람은 동짓달 바람처럼 매섭고 차다. 이는 바람의 신인 풍신(風神)이 샘이 나서 꽃을 피우지 못하게 바람을 불게 하기 때문이라 한다. 그래서 '꽃샘'이라고 한다. 한편, 이때에는 고기잡이를 나가지 않고 먼 길 가는 배도 타지 않는다. 불교에서는 춘분 전후 7일간을 '봄의 피안' 또는 '피안(彼岸)의 시기'라 하여 극락왕생의 시기로 본다.

5
청명과 한식

  청명(淸明)은 24절기의 다섯째이고, 양력 4월 5, 6일 무렵이 되는데 한식의 하루 전날이거나 같은 날일 수도 있다. '한식에 죽으나 청명에 죽으나' 라는 속담이 생긴 것은 바로 그 때문이다. 옛 사람은 청명을 세 시기로 나눠 초후는 오동나무의 꽃이 피기 시작하고, 중후는 들쥐 대신 종달새가 나타나며, 말후는 무지개가 처음으로 보인다고 하였다.

  이날 성묘(省墓)를 간다. 옛날에는 한 해에 네 번, 곧 봄에는 청명(淸明), 여름에는 중원(中元,음 7월 15일), 가을에는 한가위, 겨울에는 동지에 성묘를 했다.

  《동국세시기》의 기록에 따르면 청명(淸明)날 버드나무와 느릅나무를 비벼 새 불을 일으켜 임금에게 바친다. 임금은 이 불을 정승, 판서,

문무백관 3백60 고을의 수령에게 나누어준다. 이를 사화(賜火)라 했다. 수령들은 한식(寒食)날에 다시 이 불을 백성에게 나누어주는데 묵은 불을 끄고 새 불을 기다리는 동안 밥을 지을 수 없어 찬밥을 먹는다고 해서 한식(寒食)인 것이다. 이렇게 하여 온 백성이 한 불을 씀으로써 같은 운명체로서 국가 의식을 다졌다. 꺼지기 쉬운 불이어서 습기나 바람에 강한 불씨통[藏火筒]에 담아 팔도로 불을 보냈는데 그 불씨통은 뱀이나 닭껍질로 만든 주머니로 보온력이 강한 은행이나 목화씨앗 태운 재에 묻어 운반했다. 한식의 유래로 많은 이가 버림받은 충신 이야기인 중국 "개자추 고사"를 드는데 이는 우리에게 큰 의미가 없다.

　청명에는 청명주(淸明酒)를 담아 먹었는데 춘주(春酒)라고도 한다. 찹쌀 석 되를 갈아 죽을 쑤어 식힌 다음, 누룩 세 홉 밀가루 한 홉을 넣어 술을 빚는다. 다음날 찹쌀 일곱 되를 깨끗이 씻고 쪄서 식힌 다음, 물을 섞어 잘 뭉개어서 독 밑에 넣고 찬 곳에 둔다. 7일 뒤 위에 뜬 것을 버리고 맑아지면 좋은 술이 된다.

◀ 임금이 나눠주는
불을 받을 동안
불을 쓸 수 없어
"한식" 이다

6

나무에 물이 오르는
곡우

24절기의 여섯째. 봄의 마지막 절기로, 양력으로 4월 20, 21일 무렵이다. 청명과 입하(立夏) 사이에 들며 봄비가 내려 온갖 곡식을 기름지게 한다 하여 붙여진 말이다. 그래서 '곡우에 가물면 땅이 석 자가 마른다.'라는 말이 있다.

옛날에는 곡우 무렵에 못자리할 준비로 볍씨를 담그는데 볍씨를 담은 가마니는 솔가지로 덮어둔다. 밖에 나가 부정한 일을 당했거나 부정한 것을 본 사람은 집 앞에 와서 불을 놓아 악귀를 몰아낸 다음에 집안에 들어오고, 들어와서도 볍씨를 볼 수 없게 하였다. 만일 부정한 사람이 볍씨를 보게 되면 싹이 트지 않고 농사를 망치게 된다는 믿음이 있었다.

곡우 무렵엔 나무에 물이 많이 오른다. 곡우 물은 주로 산 다래, 자작나무, 박달나무 등에 상처 내서 흘러내리는 수액이다. 몸에 좋다고 해서 전라도, 경상도, 강원도 등에서는 깊은 산 속으로 곡우물을 마시러 가는 풍속이 있다. 경칩의 고로쇠 물은 여자 물이라 해서 남자에게 좋고, 곡우물은 남자 물이어서 여자들에게 더 좋다고 한다. 자작나무 수액인 거자수는 특히 지리산 밑 구례 등지에서 많이 나며 그곳에서는 곡우 때 약수제까지 지낸다.

　이때 서해에서 조기가 많이 잡힌다. 흑산도 근해에서 겨울을 보낸 조기는 곡우 때면 북상해서 충청도 격렬비열도 쯤에 올라와 있고 이때 잡는 조기를 '곡우살이'라 부른다. '곡우살이'는 아직 크지는 않았지만 연하고 맛이 있어 남해의 어선까지 모여든다.

\<나무 타령\>

　'청명(淸明) 한식(寒食) 나무 심자. 무슨 나무 심을래. 십리 절반 오리나무, 열의 갑절 스무나무, 대낮에도 밤나무, 방귀 뀌어 뽕나무, 오자마자 가래나무, 깔고 앉아 구기자나무, 거짓 없어 참나무, 그렇다고 치자나무, 칼로 베어 피나무, 네 편 내 편 양편나무, 입 맞추어 쪽나무, 양반골에 상나무, 너 하구 나 하구 살구나무, 아무 데나 아무 나무...'

▲ 농사를 위해 부부가 함께 자는 것도 꺼리는 날, 곡우

7

여름에 드는
입하

입하는 24절기 일곱째로 양력 5월 5~6일 무렵이며, 곡우와 소만 사이에 있다. 해의 황경(黃經)이 45도 때로 입하는 '여름(夏)에 든다(入)'는 뜻인데 초여름 날씨를 보인다. 절기로 보면 여름은 입하(立夏)에서부터 시작하여 입추(立秋) 전까지이다. 옛사람들은 입하를 세 시기로 나눠 초후(初候)에는 청개구리가 울고, 중후(中候)에는 지렁이가 땅에서 나오며, 말후(末候)에는 쥐참외(王瓜)가 나온다고 하였다.

이맘때면 곡우 때 마련한 못자리도 자리를 잡아 농사일이 좀 더 바빠진다. 푸르름이 온통 산과 강을 뒤덮어 여름이 다가온 것을 알리는 절기이다. 서울 송파지역에서는 세시풍습의 하나로 쑥버무리를 시절음식으로 만들어 먹기도 한다.

녹차는 곡우 전에 딴 우전차, 세작을 최상품으로 치지만, 차의 성인 초의(艸衣)선사는 '우리의 차(茶)는 곡우 전후보다는 입하(立夏) 전후

가 가장 좋다'고 하였다. 우전차는 신선하고 향이 맑기는 하지만 우리
에겐 완숙하면서 깊은 여름차가 더 잘 맞는다는 뜻이다.

▲ 배고프던 농부에겐 이팝나무 꽃이 쌀밥으로 보였다는 입하

8

만물이 점차 자라서 가득 차는
소만

소만은 24절기의 여덟째 절기로 입하와 망종 사이에 들며, 양력 5월 21일 무렵이 된다. 소만은 만물이 점차 자라서 가득 찬다(滿)는 뜻이 있다. 이때부터 여름 기분이 나기 시작하는데 가을보리를 거두고, 이른 모내기를 하며, 밭농사의 김매기 등을 하게 된다. 옛날에는 소만을 세 시기로 나눠 초후(初候)에는 씀바귀가 뻗어 오르고, 중후(中候)에는 냉이가 누렇게 죽어가며, 말후(末候)에는 보리가 익는다고 했다. 씀바귀는 꽃상추과에 속하는 여러해살이풀로써 뿌리나 줄기, 잎은 이 때에 먹었다.

또 이때 즐겨 먹는 냉잇국은 시절음식으로 이름이 높다. 초후를 앞뒤로 하여 죽순(竹筍)을 따다 고추장이나 양념에 살짝 묻혀 먹는다. 보리는 말후를 중심으로 익어 밀과 더불어 여름철 주식을 대표한다.

온 천지가 푸르름으로 뒤덮였지만 대나무만큼은 푸른빛을 잃고 누렇게 변한다. 이는 새롭게 태어나는 죽순에 자기의 영양분을 공급해주었기 때문이다. 마치 어미가 자기 몸을 돌보지 않고 어린 자식을 정성스럽게 키우는 것과 같다 하겠다. 봄의 누래진 대나무를 가리켜 대나무 가을 곧 죽추(竹秋)라 한다. 소만에 우리는 죽추를 보며 부모님의 은혜를 생각하면 어떨까?

9

발등에 오줌 쌀 만큼 바쁜
망종

망종은 24절기의 아홉째로 양력 6월 6~7일 무렵이다. 벼, 보리 등 수염이 있는 까끄라기(芒) 곡식의 씨앗을 뿌려야 할 적당한 때라는 뜻이다. 옛 사람들은 망종을 세 시기로 나눠 초후(初候)에는 사마귀가 생기고, 중후(中候)에는 왜가리가 울기 시작하며, 말후(末候)에는 지빠귀가 울음을 멈춘다 하였다.

농사력에서는 보리베기와 모내기를 하는 시기이다. 그래서 속담에 "보리는 익어서 먹게 되고 볏모는 자라서 심게 되니 망종이오."라는 속담이 있다. "보리는 망종 전에 베라"는 속담도 있는데 망종을 넘기면 보릿대가 꺾어지거나 부러지고 바람에도 넘어갈 염려가 있으며, 망종까지는 모두 베어야만 논에 벼를 심을 수 있기 때문이다. 남쪽에서는 '발등에 오줌 싼다'고 할 만큼 한 해 가운데 가장 바쁜 때였다.

전남지방에서는 망종날을 '보리 그스름'이라 하는데 아직 남아있는 풋보리를 베어다 그스름을 해먹으면 이듬해 보리농사가 잘되어 곡물이 잘 여물며 그 해 보리밥도 달게 먹을 수 있다고 믿었다. 또 이날 보리를 밤이슬에 맞혔다가 그 다음 날 먹는 곳도 있었다.

전남, 충남, 제주도에서는 망종날 하늘에서 천둥이 요란하게 치면, 그 해 농사가 시원치 않고 불길하다고 한다. 경상남도 섬 지방에서는 망종이 늦게 들어도 빨리 들어도 안 좋으며 중간에 들어야 시절이 좋다고 믿었다. 망종날 풋보리 이삭을 뜯어 와서 손으로 비벼 보리알을 만든 뒤 솥에 볶아서 맷돌에 갈아 체로 쳐 그 보릿가루로 죽을 끓여 먹는 풍습이 있는데 이렇게 하면 여름에 보리밥을 먹어도 배탈이 나지 않는다는 믿음에서였다고 한다.

▲ 보리를 거두고 모내기를 하는 망종

10

하지와 기우제

하지는 24절기의 열째로 망종과 소서 사이에 들며, 양력으로 6월 21일 무렵이 된다. 해는 황도상에서 가장 북쪽인 하지점(夏至點)에 위치하게 되는데 북반구에서 밤이 가장 짧아졌지만, 낮 시간은 14시간 35분으로 1년 중 가장 길다. 정오의 해 높이도 가장 높고, 해로부터 가장 많은 열을 받는다. 그리고 이 열이 쌓여서 하지 이후에는 몹시 더워진다. 북극 지방에서는 온종일 해가 지지 않으며, 남극에서는 수평선 위에 해가 나타나지 않는다. 이제 본격적으로 여름이 시작되는 것이다.

옛 사람들은 하지를 세 시기로 나눠 초후(初候)에는 사슴의 뿔이 떨어지고, 중후(中候)에는 매미가 울기 시작하며, 말후(末候)에는 여러해살이풀로 끼무릇의 덩이뿌리인 반하(半夏)의 알이 생긴다고 했다. 남부 지방에서는 단오를 전후하여 시작된 모심기가 하지 이전이면 모두 끝나며, 장마가 시작되는 때이기도 하다. 강원도 지역에서는 햇감자를 캐어 쪄먹거나 갈아서 감자전을 부쳐 먹는다.

▲ 하지 때 가뭄이 심하면 여러가지 방법으로 기우제를 지냈다.

11

장마철 중의
소서

 소서는 24절기의 열한째로 하지와 대서 사이에 들며, 양력 7월 7일
~8일 무렵이 된다. 해가 황경 105도의 위치에 있을 때이다. 옛 사람들
은 소서 때 초후(初侯)에는 더운 바람이 불어오고, 중후(中侯)에는 귀
뚜라미가 벽에 기어다니며, 말후(末侯)에는 매가 비로소 사나워진다고
하였다.

 이때에는 장마전선이 우리나라에 오래 자리 잡아 습도가 높아지고,
비가 많이 온다. 하지 무렵에 모내기를 끝내고, 소서 때는 논매기를 했
다. 팥, 콩, 조들도 하지 무렵에 심고, 소서 무렵에 김을 매준다. 또, 이
때 퇴비 장만과 논두렁의 풀도 깎아준다.
 본격적인 더위가 시작되는 철이므로 채소나 과일들이 풍성해지고 보
리와 밀도 먹게 된다. 특히 음력 5월 단오를 전후하여 시절음식으로 즐

기는 밀가루 음식은 이때 제일 맛이 나서 국수나 수제비를 즐겨 해먹
는다. 애호박같은 푸성귀가 풍부한 계절이며, 생선은 민어가 제철로 민
어포는 좋은 반찬이다. 또 민어는 회를 떠서 먹기도 하고, 매운탕도 끓
여 먹는데 애호박을 송송 썰어 넣고 고추장 풀고 수제비 띄워 먹는 맛
은 환상이다.

12

가장 더위가 심해지는 때,
대서

　대서는 24절기 열두째이며, 양력 7월 23일 무렵이다. 대개 중복(中伏) 때이고 장마가 끝나며 더위가 가장 심해지는 때이다. 천둥과 번개가 대단하고 소나기가 무섭게 쏟아지기도 한다. 한차례 소나기가 내리면 잠시 더위를 식히기도 하나 다시 뙤약볕이 더위를 먹게 한다. 이때 뙤약볕에서 땀 흘려 농사짓는 농부들은 솔개가 드리울 정도의 작은 그림자 솔개그늘이 정말 반갑기만 하다. 대서 때 참외나 수박 등 과일이 풍성하고, 가장 맛이 있다. 햇밀과 보리를 먹게 되며, 푸성귀가 풍성하고, 뫼(산)와 들의 푸르름이 한층 짙어진다. 장마 때에는 과일이 무맛이 되는 반면 가물었을 때는 과실 맛이 매우 달다.

　이제 더운 여름을 맞아 땀을 많이 흘려야 한다. 그러나 그 땀이 보람 있는 땀이라면 좋겠다. 그저 흘리는 것보다는 뭔가 의미있는 일을 하면서 땀을 흘린다면 올해는 값지고 건강한 한 해가 되지 않을까? 또 이런 때 내가 남에게 솔개그늘이 되어 보면 좋을 일이다.

13

입추 바람 타고
전해지는 가을소식

입추는 24절기의 열셋째로 초가을이란 뜻인 맹추월(孟秋月)의 시작인데 양력 8월 7~8일 무렵이다. 해의 황도가 135도인 날이며, 대서와 처서 사이에 있고, 가을에 들어서는 절기라는 이름이다. 동양의 달력에서는 입추부터 입동 전까지의 석 달을 가을로 한다.

옛 사람들은 입추 때 초후(初候)에는 서늘한 바람이 불어오고, 중후(中候)에는 이슬이 진하게 내리며, 말후(末候)에는 쓰르라미가 운다고 표현하였다. 입추는 여름이 지나고 가을에 접어들었다는 뜻이지만 아직 낮에는 폭염이 기승을 부리고, 밤새 열대야에 고생을 하고 있다. 하지만, 북녘 하늘 저편에서는 가을 하늘이 다가오고 있다. 이제 입추를 시작으로 가을절기로 들어간다.

8월 7~8일 무렵이 입추인 것은 계절이 실제보다 빠른 느낌을 준다. 이것은 우리나라보다 빨리 와서 빨리 가는 중국 대륙의 계절이름을 그대로 썼기 때문이다. 입추가 지난 뒤의 더위를 남은 더위란 뜻의 잔서(殘暑)라고 하고, 더위를 처분한다는 처서에도 더위가 남아 있는 것이 보통이다.

사전에서 보면 입추는 '가을이 시작되는 날'이고, 말복(末伏)은 '여름의 마지막 더위'를 뜻한다. 그렇다면, 입추가 말복 뒤에 와야 하는데 우리의 조상은 그렇게 정해 놓지 않았다. 주역에서는 남자라고 해서 양기만을, 여자라고 해서 음기만 가지고 있다고 보지는 않는다. 조금씩은 중첩되게 가지고 있다는 얘기인데 계절도 마찬가지이다. 여름에서 가을로 넘어가려면 연결되는 부분이 있어야 한다. 이 역할을 입추와 말복이 하는 것이다.

입추부터는 가을채비를 시작한다. 특히, 이때에 김장용 무, 배추를 심지만 슬슬 농촌도 한가해지기 시작하니 '어정 7월 건들 8월'이라는 말이 전해진다. 이 말은 5월이 모내기와 보리수확으로 매우 바쁜 달임을 표현하는 "발등에 오줌싼다"는 말과 좋은 대조를 이룬다.

14

더위를 처분한다는
처서

처서에 드는 모기와 귀뚜라미 이야기

처서에 창을 든 모기와 톱을 든 귀뚜라미가 오다가다 길에서 만났다.
모기의 입이 귀밑까지 찢어진 것을 보고 깜짝 놀란 귀뚜라미가 그 사연
을 묻는다. '미친놈, 미친년 날 잡는답시고 제가 제 허벅지 제 볼때기
치는 걸 보고 너무 우스워서 입이 이렇게 찢어졌다네.'라고 대답한
다. 그런 다음 모기는 귀뚜라미에게 뭐에 쓰려고 톱을 가져가느냐고 물
었다. 그러자 귀뚜라미는 '긴긴 가을밤 독수공방에서 임 기다리는 처
자 · 낭군의 애(창자) 끊으려 가져가네.'라고 말한다."

위는 남도지방에서 처서와 관련해서 전해지는 이야기다. 귀뚜라미 우
는 소리를 단장(斷腸), 곧 애끓는 톱소리로 듣는다는 참 재미있는 표현

이다. 절기상 모기가 없어지고, 이때쯤 처량하게 우는 귀뚜라미 소리를 듣는 때의 정서를 잘 드러낸다. 이제 자연의 순리는 여름은 밀어내고 있다.

처서는 24절기의 열넷째 절기로 입추와 백로 사이에 들며, 양력은 8월 23일 무렵이고, 해의 황도가 150도에 있을 때이다. 여름이 지나 더위도 가시고, 선선한 가을을 맞이하게 된다고 하여 처서라 불렀다. 낱말을 그대로 풀이하면 '더위를 처분한다'는 뜻이기도 하다. 처서가 지나면 따가운 햇볕이 누그러져서 풀이 더 자라지 않기 때문에 논두렁이나 산소의 풀을 깎아 벌초를 한다.

처서 때 초후(初候)에는 매가 새를 잡아 늘어놓고, 중후(中候)에는 천지가 쓸쓸해지기 시작하며, 말후(末候)에는 논벼가 익는다고 하였다.
여름 동안 습기에 눅눅해진 옷이나 책을 햇볕에 말리는 포쇄(曝:쬘포, 曬:쬘 쇄)도 이 무렵에 하며, 아침저녁으로 선선한 기운을 느끼게 되는 계절이다. '처서가 지나면 모기도 입이 비뚤어진다'라는 속담처럼 파리 모기의 성화도 줄어가는 무렵이다. 하지만, 요즘은 환경 파괴인지 가을에 들어서도 모기가 극성을 부린다.
음력 7월 보름으로 명절 중의 하나인 백중날(百衆)에는 마지막 논매기를 끝내고 호미씻이(세소연:洗鋤宴)도 끝나는 무렵이라 그야말로 '어정칠월 건들팔월'로 농촌은 한가한 한 때를 맞이하게 된다. 처서에 비가 오면 '십리에 천석 감한다.'고 하여 곡식이 흉작을 면하지 못한다는 믿음이 전해지고 있다. 또 '처서에 비가 오면 독의 곡식도 준다.'는 속담도 있다.

▲ 처서 즈음에 할 일

15

포도순절이 시작되는
백로

백로는 포도순절, 포도지정을 잊지 말자

옛 편지 첫머리에 '포도순절(葡萄旬節)에 기체만강하시고...' 하는 구절을
잘 썼는데, 포도를 수확하는 백로에서 한가위까지를 포도순절이라 했다. 그
해 첫 포도를 따면 사당에 먼저 고한 다음 그 집 맏며느리가 한 송이를 통
째로 먹어야 하는 풍습이 있었다. 주렁주렁 달린 포도알은 다산(多産)을 상
징하는 까닭이다. 또 조선 백자에 포도 무늬가 많은 것도 역시 같은 뜻이다.
어떤 어른들은 처녀가 포도를 먹고 있으면 망측하다고 호통을 치기도 하는
데 바로 이 때문이다. 부모에게 배은망덕한 행위를 했을 때 '포도지정(葡萄
之情)'을 잊었다고 개탄을 한다. '포도의 정'이란 어릴 때 어머니가 포도를
한 알, 한 알 입에 넣어 껍데기와 씨를 가려낸 다음 입으로 먹여주던 그 정
을 일컫는다.

백로는 24절기의 열다섯째 절기로 9월 7일 무렵이며 해의 황도가 165도에 올 때이다. 이때쯤이면 밤 기온이 내려가고, 풀잎에 이슬이 맺혀 가을 기운이 완연해진다. 맑은 날이 계속되고, 기온도 적당해서 오곡백과가 여무는데 더없이 좋은 때이다. 아직 늦더위가 남아있지만 농촌에는 다행스러운 일이 아닐 수 없다. 늦여름에서 초가을 사이 하루 땡볕에 쌀이 12만 섬(1998년 기준)이나 더 거둬들일 수 있다는 통계도 있다. "백로에 비가 오면 오곡이 걸여물고 백과에 단물이 빠진다." 라는 말이 있다. 또 가끔 백로 때 기온이 뚝 떨어지는 '조냉(早冷)현상' 이 나타나 농작물의 열매맺기에 발을 걸어 수확이 많이 줄기도 한다. 백로 때에 밤하늘에선 순간적으로 빛이 번쩍일 때가 더러 있는데, 이는 벼 이삭이 패고 익는 것이 낮 동안 부족해 밤에도 하늘이 도운다고 하며, 이런 현상이 잦을수록 풍년이 든다고 믿었다.

제주도와 전라남도지방에서는 백로가 음력 7월에 들면 오이가 잘 된다고 믿으며, 제주도 지방에서는 백로에 날씨가 잔잔하지 않으면 오이가 다 썩는다고 생각했다. 경상남도의 섬지방에서는 '백로에 비가 오면 십리(十里) 천석(千石)을 늘인다' 고 하면서 백로에 비가 오는 것을 풍년의 징조로 바라본다. 또 백로에 내린 콩잎의 이슬을 새벽에 손으로 훑어 먹으면 속병이 낫는다는 말도 전해진다.

16

추분,
중용과 겸손을 생각하는 날

추분은 24절기 가운데 열여섯째로 양력으로는 9월 23일 무렵이다. 추분점은 해가 북쪽으로부터 남쪽으로 향하여 적도를 통과하는 점으로 황경(黃經)은 180°이다. 낮과 밤의 길이가 같은 날이지만, 실제로는 해가 진 뒤에도 어느 정도의 시간까지는 빛이 남아 있기 때문에 낮의 길이가 상대적으로 길게 느껴진다. 농사력에서는 이때가 추수기이므로, 온갖 곡식이 풍성한 때이다.

추분은 춘분과 더불어 낮과 밤의 길이가 같으므로 이날을 중심으로 계절의 분기점 곧, 여름이 가고 가을이 왔다는 사실을 실감한다. 또 여기서 생각해 볼 것은 낮과 밤의 길이가 같음이 어느 쪽에도 치우침이 없는 균형의 세계라는 것이다. 지나침과 모자람이 없이 어느 쪽으로도 기울지 않는 가운데에 덕(德)이 존재한다는, 어느 한 쪽으로 치우치지 않는 평상(平常)이라는 뜻의 중용을 다시 한 번 새길 필요가 있겠다.

또 추분의 들녘에 서면 벼가 익어 가는데 그 냄새를 향(香)이라고 한다. 사람도 내면에 양식이 익어갈 때 향이 날 것이다. 하지만, 들판의 익어가는 수수와 조, 벼들은 강렬한 햇볕, 천둥과 폭우의 나날을 견뎌 저마다 겸손의 고개를 숙인다. 이렇게 추분에는 중용과 겸손을 생각하게 하는 아름다운 때이다. 추분과 함께 가을을 맞으며, 스스로 아름다움을 내 맘속에 꼭꼭 채워나갔으면 좋겠다.

▲ 중용, 겸손 그리고 향기를 생각하게 하는 추분

17

오곡백과를 수확하는
한로

한로는 24절기의 열일곱째로 추분과 상강 사이에 들며, 양력으로 10월 8일 무렵이다. 한로는 찰 '한(寒)', 이슬 '로(露)'로 공기가 차츰 선선해지면서 찬 이슬이 내리는 때이고, 세시명절인 음력 9월 9일 중양절(重陽節)과 비슷한 때이다.

옛 사람들은 한로 때를 3후로 나누어 초후(初候)에는 기러기가 초대를 받은 듯 모여들고, 중후(中候)에는 참새가 적어지며, 말후(末候)에는 국화가 노랗게 핀다고 하였다. 이때는 오곡백과를 수확하고, 타작이 한창인 시기이다. 또 아름다운 가을 단풍이 짙어지고, 여름새 대신에 기러기 등 겨울새가 오는 때이다. 한로를 전후하여 국화전을 지지고 국화술을 담그며, 온갖 모임이나 놀이가 성행한다. 이때쯤 높은 산에 올라가 수유(茱萸)열매를 머리에 꽂으면 잡귀를 쫓을 수 있다고 믿는데, 이는 수유열매가 붉은 자줏빛으로 붉은색이 귀신을 쫓는 힘을 가지고 있다고 믿기 때문이다.

한로와 상강에는 시절음식으로 추어탕(鰍魚湯)을 즐겼다. 〈본초강목〉에는 미꾸라지가 양기(陽氣)를 돋우는데 좋다고 기록되어 있다. 가을(秋)에 누렇게 살찌는 가을 고기라는 뜻으로 미꾸라지를 추어(鰍魚)라 했을 것으로 보인다.

▲ 수확하고 타작하기에 바쁜 한로

18

부지깽이도 덤빌만큼 바쁜
상강

상강은 24절기의 열여덟째 절기로 한로와 입동 사이에 있으며, 양력 10월 23~24일 무렵이 된다. 이때는 맑고 상쾌한 날씨가 이어지며 밤에는 기온이 뚝 떨어지면서 서리[霜]가 내리기[降] 시작한다 하여 상강이다. 옛사람들은 상강을 세 시기로 나눠 초후(初候)에는 승냥이가 산짐승을 잡고, 중후(中候)에는 풀과 나무가 누레지고 떨어지며, 말후(末候)에는 겨울잠을 자는 벌레가 모두 땅에 숨는다고 하였다.

봄에 시작했던 농사일도 상강 때쯤이면 가을걷이가 마무리된다. 〈농가월령가〉도 9월령에서는 "들에는 조, 피더미, 집 근처 콩, 팥가리, 벼 타작마침 후에 틈나거든 두드리세⋯⋯"로 율동감 있게 바쁜 농촌생활을 읊고 있다. 우리 속담에는 "가을에는 부지깽이도 덤빈다"라는 것이 있다. 가을철에는 바빠서 아무 쓸모 없던 것까지도 일하러 나선다는 뜻이다. 또 "가을판에는 대부인(大夫人)마님이 나막신짝 들고 나선다."

라는 속담도 있다.

흔히 '가을은 남자의 계절'이라고 하는데 음기가 강해지는 가을에는 남성의 몸 안의 양기가 더욱 활발해지기 때문이다. 그래서 대부분 남성은 가을이 되면 상태가 좋아지고, 일의 능률도 오르며, 이성을 그리워하게 된다. 많은 남성이 사계절 중 유난히 가을을 좋아하는 것도 바로 이런 까닭에서다. 반면 여성에게는 가을, 겨울이 되면 심한 우울증과 함께 졸음이 오고 식욕이 감퇴하는 증상에 시달리기도 하는데, 이는 일조량이 줄어들면서 신경전달물질인 멜라토닌의 분비가 적어지기 때문이다.

이때는 취미활동을 즐기며 외출을 자주 하고, 여러 사람을 만나 어울리는 것이 좋다. 특히 집안 식구들끼리의 대화를 자주 하는 것도 중요한 방법이다. 또 아침저녁으로 차나 연꽃씨를 끓여 마시거나 모밀국수나 오이무침, 무국 등 찬 기운이 있는 것들을 먹는 것도 좋다.

19

감나무 끝에 까치밥 몇 개만 남아
홀로 외로운 입동

찬 서리
나무 끝을 나는 까치를 위해
홍시 하나 남겨둘 줄 아는
조선의 마음이여

김남주 시인은 〈옛 마을을 지나며〉라는 시에서 이 무렵의 정경을 이야기한다. 바로 겨울이 다가왔다는 신호이다. 무서리 내리고, 마당가의 감나무 끝엔 까치밥 몇 개만 남아 호올로 외로운 때가 입동이다. 바야흐로 겨울의 시작이다.

입동은 24절기의 열아홉째이며, 양력 11월 7일인데 이 날부터 '겨울(冬)에 들어선다(立)'라는 뜻에서 입동이라 부른다. 옛사람들은 입동을 세 시기로 나눠 초후엔 물이 얼기 시작하고, 중후는 땅이 처음으로 얼어붙으며, 말후(末候)엔 꿩은 드물어지고 조개가 잡힌다고 하였다.

이때쯤이면 가을걷이도 끝나 바쁜 일손을 털고 한숨 돌리는 시기이며, 겨울 채비에 들어간다. 겨울을 앞두고 한 해의 마무리를 준비하는 때인데 농가에서는 서리 피해를 막고 알이 꽉 찬 배추를 얻으려고 배추를 묶어주며, 서리에 약한 무는 뽑아 구덩이를 파고 저장하게 된다. 입동 전후에 가장 큰일은 역시 김장이다. 대가댁 김장은 몇백 포기씩 담는 것이 예사여서 친척이나 이웃이 함께했다. 우물가나 냇가에서 부녀자들이 무, 배추 씻는 풍경이 장관을 이루기도 하였다.

입동날 날씨가 추우면 그해 겨울은 추울 것으로 점을 친다. 경남 여러 섬에서는 입동에 갈까마귀가 날아온다 하고, 밀양 지방에서는 갈까마귀의 흰 뱃바닥이 보이면 목화가 잘 될 것이라 한다. 제주도에서는 입동날 날씨가 따뜻하지 않으면 그해 바람이 지독하게 분다고 점을 쳤다. 또 이때에는 추수를 무사히 끝내게 해준 데 대해 감사의 고사를 지내는 것이 보통이다. 10월 10일에서 30일 사이에 햇곡식으로 시루떡을 쪄서 토광, 외양간 등에 고사 지낸 뒤, 소에게도 주면서 수확의 고마움과 집안이 무사한 데 대한 감사를 드린다. 또 이웃집과도 나누어 먹으며, 더불어 사는 삶을 실천하기도 한다.

그리고 조선시대 권선징악과 상부상조를 목적으로 만든 향촌의 자치 규약인 향약(鄕約)을 보면 봄가을로 양로잔치를 베풀었는데, 특히 입동(立冬), 동지(冬至), 섣달 그믐날 밤에 나이가 드신 노인들에게는 치계미(雉鷄米)라 하여 선물을 드리는 관례가 보편화해 있었다. 논밭 한 뙈기도 없는 가난한 집에서도 한 해에 한 번은 마을 노인들을 위해 기꺼이 금품을 내놓았다.

20

소설 추위는
빛내서라도 한다

소설은 24절기의 스무째로 입동과 대설 사이에 들며, 양력 11월 22~23일 무렵이다. 이때부터 살얼음이 잡히고 땅이 얼기 시작하여 점차 겨울 기분이 든다고도 하지만, 한편으로는 아직 따뜻한 햇살이 간간이 내리쬐어 '작은 봄' 이란 뜻으로 소춘(小春)이라고 한다. 옛날 사람들은 이때 초후(初候)에는 무지개가 걷혀서 나타나지 않고, 중후(中候)에는 천기(天氣)가 올라가고 지기(地氣)가 내리며, 말후(末候)에는 천지가 얼어붙어 겨울이 된다고 하였다.

소설에는 눈이 적게, 대설에는 많이 온다고 하여 붙여진 이름이다. "소설 추위는 빛내서라도 한다."라는 말이 있듯이 첫얼음이 얼며, 첫눈이 오기 때문에 시래기를 엮어 달고, 무말랭이, 호박오가리, 곶감 말리기 등 대대적인 월동 준비에 들어간다. 음력 시월은 농사일이 끝나는 달이다. 추수를 끝내고 아무 걱정이 없이 놀 수 있는 달이라 하여

'상달' 이라 했고, 일하지 않고 놀고먹을 수 있어 '공달' 이라고도 했다.

> 무 배추 캐어 들여 김장을 하오리라
> 방고래 구들질과 바람벽 맥질하기
> 창호도 발라놓고 쥐구멍도 막으리라
> 수숫대로 터울하고 외양간에 떼적 치고
> 우리 집 부녀들아 겨울 옷 지었느냐

조선 헌종 때 정학유가 지은 〈농가월령가(農家月令歌)〉 10월령에서 뽑은 내용이다.

▲ 살얼음이 얼고 눈이 온다는 소설

21

메주 쑤는
대설

대설은 24절기의 스물한째로 소설과 동지 사이에 들며, 양력 12월 7~8일 무렵이다. 눈이 많이 내린다는 뜻에서 대설이라고 하지만 꼭 이때에 눈이 많이 오지는 않는다. 그 까닭은 원래 역법 기준지점인 중국의 화북지방의 기후대로 붙여진 것이어서 맞지 않는 때도 있다. 옛사람들은 이때 초후(初候)에는 산박쥐가 울지 않고, 중후(中候)에는 범이 교미하여 새끼를 낳고, 말후(末候)에는 박과의 한해살이 풀인 여주가 돋아난다고 하였다. 한편, 이날 눈이 많이 오면 다음해 풍년이 들고 푸근한 겨울을 된다는 믿음이 전해진다.

"부네야 네 할 일 메주 쑬 일 남았도다 익게 삶고 매우 찧어 띄워서 재워두소"이는 〈농가월령가〉 중 십일월령에 있는 노래이다. 농사일을 끝내고 한가해지면 가정에선 콩을 쑤어 온갖 정성을 기울여 메주를 만든다.

22

동지엔 팥죽 먹고
액운을 막아내자!

동지는 명절이라 기운이 일어난다.

시절식으로 팥죽을 쑤어 이웃과 즐기리라

새 달력 펴내니 내년 절후(節侯) 어떠한고

해 짧아 덧이 없고 밤 길어 지루하다.

〈농가월령가〉 11월조에 나오는 구절이다. 동지는 해가 적도 아래 23.5°의 동지선(남회귀선)과 황경(黃經) 270°에 도달하는 때로 절기가 시작되는 날이기도 하다. 동지(冬至)라는 이름은 드디어 겨울에 이르렀다는 뜻이며, 한 해를 마무리하고 새해를 맞이하는 날이다. 옛사람들은 이날을 해가 죽음으로부터 부활하는 날로 생각하고 잔치를 벌이고 태양신에게 제사를 올렸다. 고대 로마력(曆)에서 12월 25일은 동지였고, 유럽이나 북아프리카, 서아시아 지방, 중국 주(周)나라에서는 이 동짓날을 설날로 지냈다.

≪동국세시기≫에는 동짓날을 작은설, 즉 다음해가 되는 날이란 의미로 '아세(亞歲)'라 했다. 예수 그리스도가 태어난 성탄절은 신약성서에 쓰이지 않아서 옛날에는 1월 6일이나 3월 21일을 성탄절로 지내기도 했지만 4세기 중엽에 로마 교황청이 성탄절을 동지설날과 같은 날로 정했다.

1) 동지에 팥죽을 먹어야 하는 까닭

동짓날 팥죽을 쑨 유래

중국 양쯔강 중류 유역을 중심으로 한 형초(荊楚) 지방의 연중세시기인 ≪형초세시기(荊楚歲時記)≫에 그 유래가 있다. 공공씨(共工氏)의 망나니 아들이 동짓날 죽어서 전염병 귀신이 되었다고 한다. 그 아들이 평상시에 팥을 두려워하였기 때문에 사람들이 전염병귀신을 쫓으려고 동짓날 팥죽을 쑤어 악귀를 쫓았다.

동짓날에는 팥을 삶아 죽을 만들고 여기에 찹쌀로 단자(團子)를 만들어 넣어 끓인다. 단자는 새알 크기로 만들기 때문에 '새알심'이라 부른다. 동지는 또 작은설로 봤기에 아세(亞歲)라 했고, 팥죽에 자기 나이대로 새알심을 넣어 먹는다.

팥죽을 쑤면 먼저 사당에 올려 차례를 지낸 다음 방과 장독, 헛간 등에 한 그릇씩 떠놓고, 대문이나 벽에다 죽을 뿌린다. 붉은 팥죽은 양

(陽)의 색으로 귀신을 쫓는다고 믿었다. 그런 다음 식구들이 팥죽을 먹는데 마음을 깨끗이 씻고, 새로운 한 해를 맞는 뜻이 담겨 있다. 또 전염병이 유행할 때 우물에 팥을 넣으면 물이 맑아지고 질병이 없어진다고 하고, 사람이 죽으면 팥죽을 쑤어 상가에 보내는 관습이 있는데, 이는 상가에서 악귀를 쫓으려는 것이다.

우리의 세시풍속에서 이날은 팥죽을 쑤어 먹고 달력을 나눠 가지는 날로 명절처럼 즐긴다. 절 같은 곳에서는 동지를 맞아 한 해의 액운을 막고 새로운 해를 맞이하자는 뜻을 담아 어려운 사람들에게 동지팥죽을 나눠주기도 한다. 팥죽을 먹어야 겨울에 추위를 타지 않고 공부를 방해하는 마귀들을 멀리 내쫓을 수 있다고 여긴다. 경사스러운 일이 있을 때나 재앙이 있을 때에도 팥죽, 팥떡, 팥밥을 하는 것은 귀신을 쫓는다는 같은 뜻을 지니고 있다.

동지가 동짓달의 초승에 들면 애동지, 중순에 들면 중동지, 그믐께 들면 노동지라고 한다. 애동지에는 팥죽을 쑤지 않고 대신 팥시루떡을 쪄서 먹었지만 지금은 상관없이 쑤어먹기도 한다.

팥죽의 주재료인 팥은 콩류에 속하는데 영양 면에서 보면 섬유질, 단백질과 비타민 비원(B1)이 풍부하며, 단백질을 구성하는 질 높은 아미노산이 상당량 들어 있다. 한국인의 주식인 쌀엔 비타민 비원이 거의 들어 있지 않은데 팥의 비타민 비원 함량은 곡식 가운데 가장 많다. 그뿐만 아니라 비타민 비원은 탄수화물 대사를 돕는다. 몸에 기운을 주고 피로를 풀어주며, 몸을 따뜻하게 하는 것은 물론 지방이 몸 안에 쌓이는 것을 막아준다. 그래서 팥죽을 피로해소 음식 또는 살 빼는 음식이라고 한다.

한의사들은 "팥은 해독 효과가 있어 술독이 있거나 황달 등 간에 독소가 쌓인 사람에게 좋다"고 말하며, "팥에 들어 있는 사포닌은 이뇨, 소염효과를 지닌 성분이어서 심장병, 신장질환으로 몸이 붓거나 간경화로 복수가 찬 사람은 흰쌀밥 대신 팥죽이나 팥밥을 먹으라"라고 권한다. 또 팥 껍질에 든 검붉은 색소 성분인 안토시아닌은 노화와 성인병의 주범인 활성산소를 없애는 항산화 성분이라고 한다. 이밖에 뚱뚱한 사람이 먹으면 몸이 가벼워지고 여윈 사람은 몸이 튼튼해지는 묘한 작용도 있다. 동지에 팥죽을 먹는 까닭이 여기에 있고, 나아가 우리 식단에 팥을 활용하면 좋을 일이다.

2) 달력을 나누는 날, 동지의 세시풍속

고려시대에는 '동짓날은 만물이 회생하는 날'이라고 하여 고기잡이와 사냥을 금했다고 전해진다. 또 고려와 조선 초기의 동짓날에는 어려운 백성이 모든 빚을 청산하고, 새로운 기분으로 하루를 즐기는 풍습이 있었다.

① **하선동력(夏扇冬曆)** : 왕실에서는 동짓날부터 점점 날이 길어지므로 한 해의 시작으로 보고 새해 달력을 나누어 주었다. 궁중에서는 달력을 '동문지보(同文之寶)'란 임금의 도장[御璽]을 찍어서 모든 관원들에게 나누어 주는데, 관원들은 이를 다시 친지들에게 나누어 주었

다. 이러한 풍속은 여름(단오)에 부채를 주고받는 풍속과 아울러 '하선동력'이라 하였다.

② **황감제(黃柑製)** : 매년 동지 때는 제주목사가 특산물인 귤을 임금에게 올렸다. 그 진상 받은 귤을 종묘(宗廟)에 올린 다음에 여러 신하에게 나누어 주었고, 멀리서 바다를 건너 귤을 가지고 온 사람에게는 음식과 비단 등을 내려주었다. 또 귤을 진상한 것을 기쁘게 여겨 임시로 과거를 실시하여 사람을 등용하는 황감제를 실시했다.

③ **동짓날 부적** : 뱀 '사(蛇)' 자를 써서 벽이나 기둥에 거꾸로 붙이면 악귀가 들어오지 못한다고도 전해지고 있으며, 또 동짓날 날씨가 따뜻하면 다음해에 질병으로 많은 사람이 죽는다고 하고, 눈이 많이 오고 날씨가 추우면 풍년이 들 징조라고 전한다.

④ **동지헌말** : 동지부터 섣달그믐까지는 시어머니 등 시집의 기혼녀들에게 버선을 지어 바치려고 며느리들의 일손이 바빠지는데 이를 '동지헌말'이라고도 하며, 또는 풍년을 빌고 다산을 드린다는 뜻의 '풍정(豊呈)'이라고도 부른다. 18세기 실학자 이익은 동지헌말에 대해 새 버선 신고 이날부터 길어지는 '해그림자'를 밟고 살면 수명이 길어진다 하여 장수를 비는 뜻이라 했다.

⑤ **보리밟기** : 동지 때는 보통 '동지한파'라는 강추위가 오는데 이 추위가 닥치기 전 서릿발 때문에 보리 뿌리가 떠오르는 것을 막고, 보리의 웃자람을 방지하려고 보리밟기를 한다.

⑥ **복조리 만들기** : 동짓날 기나긴 밤에는 새해를 대비해 복조리와 복주머니를 만들었다.

① 동지팥죽의 진정한 의미

동짓날에는 팥죽을 쑤어 먹는다. 낮이 가장 긴 하지에는 양의 기운이 가장 왕성하지만 음의 기운이 생기기 시작하고, 반면에 동지에는 음의 기운이 가장 왕성하지만 양의 기운이 생겨나 만물이 생동하는 기운이 움트기 시작한다. 음기가 극성한 겨울이지만 양기가 생겨나기 시작한 시점에 음이면서도 양이 들어 있다는 뜻의 '음중지양(陰中之陽)' 성질을 가진 팥을 먹는 것은 당연한 이치다.

동지의 오랜 풍습으로 대문, 장독 등에 팥죽을 뿌리는 '고수레'는 단순히 신에게 제사지내는 것이 아니라 겨울철 먹을 것이 모자라는 동물들에게도 음식을 나눠 주는 따뜻한 마음이 들어 있다. 동짓날 팥죽을 쑤어 어려운 사람과 함께하는데 나누어 주면 마음은 훨씬 부자가 된다는 것을 아는 것이다. 동짓날 팥죽을 먹을 때 혼자 먹으면 몸의 건강만 챙기지만 어려운 이웃과 나눈다면 정신의 건강도 함께 얻을 수 있음을 우리 겨레는 알고 있었다.

② 동지 때의 아름다운 정경

음력 십일월부터는 농한기다. 하지만, 이때 여인네들에겐 간장, 된장, 고추장을 빚기 위한 메주쑤기와 무말랭이 등 각종 마른나물 말리고 거두기에 바쁜 철이다. 겨울밤이면 농부들은 사랑방에 모여 내년 농사에 쓸 새끼를 꼬고, 짚신이며 망태기를 삼기도 했다. 또 멍석, 재를 밭에 뿌릴 때 쓰는 삼태기, 풀을 베어 담는 꼴망태 등 다양한 생활용품을 만들었다.

또 깊어가는 겨울밤 화롯불에 추위를 녹이며, 고구마를 찌거나 구워 동치미와 함께 먹기도 했는가 하면 달디단 홍시를 먹기도 했다. 요즘은 다시 등장한 풍경이지만 한밤중엔 "찹쌀떡 사~려!", "메밀묵 사~려!" 하는 정겨운 소리를 들으며 잠들기도 했다. 동지에는 팥죽을 나눠 먹으면 모두 행복해지지 않을까?

▲ 동지 때 시어머니에게 지어 올렸던 동지헌말

23

꿔다가도 하는
소한 추위

소한은 24절기 가운데 스물셋째로 양력 1월 5일~6일 무렵이다. 동지와 대한 사이에 있으면서 한겨울의 추위가 매섭다. 옛사람들은 소한을 세 시기로 나눠 초후에는 기러기가 북쪽으로 돌아가고, 중후에는 까치가 집을 짓기 시작하며, 말후에는 꿩이 운다고 하였다. 소한은 양력으로 해가 바뀌고 처음 오는 절기다. 이름으로 보면 대한(大寒)이 가장 추운 것으로 되어 있으나 실제는 소한 때가 1년 중 가장 춥다. "대한이 소한집에 가서 얼어 죽었다."든가 "소한 얼음 대한에 녹는다.", '소한 추위는 꿔다가도 한다.'라는 속담이 있다.

"눈은 보리 이불이다.", "사람이 보지 못하는 사이에 눈이 내리면 풍년이 든다.", "함박눈 내리면 풍년 든다."는 말이 있을 정도로 눈이 많이 오면 풍년이 든다고 믿었다. 또 "첫눈 먹으면 감기에 안 걸린다.", "장사 지낼 때 눈 오면 좋다.", "첫눈에 넘어지면 재수 좋다."며 눈을 좋은 조짐으로 보았다.

24절기의 마지막
대한

대한은 24절기의 마지막이며, 양력으로는 1월 20~21일 무렵이다. 소한(小寒)과 입춘(立春) 사이에 있는 절기다. 음력 섣달로 한 해를 매듭짓는 절후이다. 대한의 마지막 날은 절분(節分)이라 하여 계절적으로 한 해의 마지막 날로 여겼다.

절분날 밤을 해넘이라 하여, 콩을 방이나 마루에 뿌려 악귀를 쫓고 새해를 맞는 풍습이 있다. 절분 다음날은 정월절(正月節)인 입춘의 시작일로, 이 날은 절월력(節月曆)의 새해초가 된다.

이때 세끼 중에 한 끼는 꼭 죽을 먹었다. 크게 힘쓸 일도 없고 나무나 한두 짐씩 하는 것 말고는 대부분 쉬는 때이므로 삼시 세끼 밥 먹기가 죄스러워 그랬다고 전한다. 일을 하지 않고는 밥을 먹지 않는다는 생각을 우리 겨레는 가지고 있었다.

■ 참고문헌

강명관, 2010, ≪조선 풍속사 1~3, 푸른역사≫

국립문화재연구소, 2005, ≪조선시대 민속문헌 해제, 국립문화재연구소≫

―――, 2006, ≪구한말·일제강점기 민속문헌 해제, 국립문화재연구소≫

――――――, 2005, ≪문헌으로 보는 고려시대 민속, 국립문화재연구소≫

김남수, 윤종배 외, 2010, ≪100년 전의 한국사 (미래 100년을 위해 과거 100년을 질문한다), 휴머니스트≫

김영숙, 1998, ≪한국복식문화사전, 미술문화≫

김영조, 2011, ≪하루하루가 잔치로세, 인물과사상≫

―――――――, 2008 ≪맛깔스런 우리문화 속풀이 31가지, 이지출판≫

―――――――, 2009, ≪재미있게 알아보는 한국문화, 상명대학교≫

―――――――, 2011, ≪다시 쓰는 서울문화, 푸른솔겨레문화연구소≫

―――――――, 2012, ≪아무도 가르쳐주지 않는 서울문화 이야기, 푸른솔겨레문화연구소≫

남영신, 2004, ≪안 써서 사라져가는 아름다운 우리말, 리수≫

박남일, 2008, ≪뜨고 지고(자연), 길벗어린이≫

―――――――, 2007, ≪재고 세고!(수와 양), 길벗어린이≫

―――――――, 2008, 좋은 문장을 쓰기 위한 우리말 풀이사전 서해문집

박선희, 2002, ≪한국고대복식, 지식산업사≫

박영수, 2011, ≪대한유사, 살림FRIENDS≫

박은봉, 2007, ≪한국사 상식 바로잡기, 책과함께≫

박지원, 2008, ≪열하일기(熱河日記), 고미숙 역, 그린비≫

백두현, 2006, ≪음식디미방 주해, 글누림≫

안길정, 2000, ≪조선시대 생활사 (관아를 통해서 본), 사계절출판사≫

이근술·최기호, 2001, ≪토박이말 쓰임사전 상하, 동광출판사≫

이시필, 2011, ≪소문사설 조선의 실용지식 연구노트 , 백승호 외 역, 휴머니스트≫

이윤옥·김영조, 2011, ≪신 일본 속의 한국문화 답사기, 바보새≫

이익, 2010, ≪나는 모든 것을 알고 싶다, 김대중 역, 돌베개≫

이훈종, 1997, ≪민족생활어사전, 한길사≫

임재해, 1994, ≪한국민속과 오늘의 문화, 지식산업사≫

조재삼, 2008, ≪교감국역 송남잡지 1~12, 강민구 역, 소명출판≫

주영하, 2005, ≪그림속의 음식 음식속의 역사, 사계절≫

차용준, 2000, ≪전통문화의 이해, 전주대학교출판부≫

한국문화재보호협회, 1982, ≪한국의 복식, 문화공보부≫

한국민속사전편찬위원회, 1994, ≪한국민속대사전, 민족문화사≫

한국역사연구회, 2005, ≪조선시대 사람들은 어떻게 살았을까, 청년사≫

홍석모, 1995, ≪동국세시기 외, 대제각≫

아무도 들려주지 않는 서울문화 이야기

ⓒ김영조, 2012

4345년(2012) 11월 15일 초판 1쇄 찍음
4345년(2012) 11월 19일 초판 1쇄 펴냄

지은이 | 김영조
펴낸곳 | 도서출판 얼레빗
펴낸이 | 이윤옥
편집·디자인 | 정은희
삽화 | 이무성
박은곳 | 광일인쇄 (대표 신광철, 02-2277-4941)

출판등록 | 제396-2010-000067호
주소 | 서울시 종로구 당주동 2-2 영진빌딩 703호
전화 | 02-733-5027
전송 | 02-733-5028
전자우편 | pine9969@hanmail.net

ISBN 978-89-964593-5-4 03380